# 나는
# 왜
# 항상
# 시간에
# 쫓길까

# 나는 왜 항상 항상

생산성개선회의 엮음
오시연 옮김

실속 없이
바쁜 직장인을
위한
시간관리법

# 시간에 쫓길까

시그마북스
Sigma Books

# 나는 왜 항상 시간에 쫓길까

**발행일**  2019년 1월 15일 초판 1쇄 발행
2019년 1월 21일 초판 2쇄 발행

**엮은이**  생산성개선회의

**옮긴이**  오시연

**발행인**  강학경

**발행처**  시그마북스

**마케팅**  정제용

**에디터**  장민정, 최윤정

**디자인**  최희민, 김문배


**등록번호**  제10-965호

**주소**  서울특별시 영등포구 양평로 22길 21 선유도코오롱디지털타워 A402호

**전자우편**  sigmabooks@spress.co.kr

**홈페이지**  http://www.sigmabooks.co.kr

**전화**  (02) 2062-5288~9

**팩시밀리**  (02) 323-4197

**ISBN**  979-11-89199-69-2(03320)

*JITANJUTSU TAIZEN*
ⓒ KADOKAWA 2017
First published in Japan in 2017 by KADOKAWA CORPORATION, Tokyo.
Korean translation rights arranged with KADOKAWA CORPORATION, Tokyo
through ENTERS KOREA CO., LTD.

이 도서의 국립중앙도서관 출판예정도서목록(CIP)은 서지정보유통지원시스템 홈페이지(http://seoji.nl.go.kr)와
국가자료공동목록시스템(http://www.nl.go.kr/kolisnet)에서 이용하실 수 있습니다.
(CIP제어번호: CIP2018042014)

* **시그마북스**는 **(주)시그마프레스**의 자매회사로 일반 단행본 전문 출판사입니다.

"인간은 항상 시간이 모자란다고 불평을 하면서
마치 시간이 무한정 있는 것처럼 행동한다."

- 세네카

하루는 누구에게나 평등한 24시간이다. 그럼에도 척척 일하고 높은 소득을 얻으며 삶을 여유롭게 즐기는 사람이 있는가 하면 업무에 치이고 회사의 평가와 수입도 낮으며 여가를 즐길 여유도 없을 정도로 야근이나 주말 출근에 쫓기는 사람도 있다.

같은 직장인인데 왜 이런 차이가 날까? 그 답은 '시간 사용법'에 있다. 일을 잘하는 사람, 인생을 마음껏 즐기는 사람은 그렇지 않은 사람에 비해 훨씬 시간을 능숙하게 사용한다. 즉, 그들은 시간관리 전문가다.

이 책은 일정관리 방법부터 상담·회의 기법, 최신 디지털 기술 활용법에 이르기까지 400여 가지의 시간 단축 기술을 소개한다. 그중에는 인간관계를 다룬 장 등 시간 단축과는 상관없어 보이는 항목도 있다. 그러나 시간 단축이란 단순히 여러 작업을 효율화하는 것이 아니다. 예를 들어 원만한 인간관계는 원만한 소통을 낳고 실수 없는 자료 작성은 실패를 만회하려 할 때 발생하는 시간 손실을 방지하는 효과가 있다. 한

마디로 시간 단축이라고 해도 그 내용은 실로 다양하다.

그런데 시간 단축 기술이 '정말 그렇게 도움이 될까?' 하고 고개를 갸웃하는 사람도 있을 것이다. 예를 들어 컴퓨터의 단축키를 외우는 것이 귀찮아서 마우스로 조작하는 사람이 있다고 하자. 그러나 단축키를 사용해 하루의 업무를 10분이라도 단축할 수 있다면 단순 계산으로 연간 40시간이나 절감할 수 있다. 시간 단축 기술은 이렇게 '소소한 비법'을 끊임없이 반복하여 쌓는 것이다. 혹여 업무 진행이 느리다고 느낀다면 이 기회에 지금까지 관심 두지 않았던 소소한 비법을 시도해보면 어떨까?

단, 주의해야 할 점이 있다. 시간 단축 기술로 얻은 시간은 '수단'이지 '목적'이 아니라는 것이다. 중요한 것은 시간 단축 기술을 발휘해 새로 확보한 시간을 자신을 계발하는 시간, 또는 가족이나 친구, 연인과 함께 보내는 시간으로 만드는 것이다.

유한한 인생을 무한한 일로 파묻어버릴 것인가. 아니면 시간 단축 기술의 달인이 되어 업무 외의 시간도 충실히 보낼 것인가. 어떤 인생을 선택할지는 독자 여러분에게 달렸다.

생산성개선회의

# 차 례

## 제2장 직장인이 꼭 알아야 할 시간 단축 기술

## 제3장 의도한 대로 일이 되게 하는 인간관계법

### 회의의 낭비 요소를 제거한다 · 130

### 상담 성공률을 높이는 비결 · 142

## 제4장 일의 효율을 높이는 정리법

## 제5장 능력을 업그레이드시키는 IT기기 활용법

## 제6장 지금 당장 시작하자! 초고속 컴퓨터 사용법

# Chapter 01

# 일을 척척 진행시키는 일정관리법

# 절대로 야근하지 않는 방법

### 30분간 야근 대신 30분간 '아침 근무'를 한다

야근보다 훨씬 효율적으로 일할 수 있는 방법은 출근시간 전에 '아침 근무'를 하는 것이다. 근무시간 전에는 일단 전화가 걸려 오지 않고 방문객도 없다. 조용한 사무실에서 자신의 페이스에 맞춰 일을 할 수 있다. 또 근무시간이 시작되면 고객에게 연락 하거나 사내 미팅을 하는 등의 업무가 발생하는데, '아침 근무' 시간에 고객에게 연락할 사항이나 미팅 내용을 정리할 수 있어 해당 업무에 적극적으로 대응할 수도 있다.

또한 '아침 근무'와 야근의 가장 큰 차이점은 본인의 마음 가짐에 있다. 야근을 좋아서 하진 않겠지만 자신도 모르게 '막 차까지 아직 시간이 있으니까…' 하고 생각해 동료와 잡담을 하거나 식사를 하러 가는 일이 종종 있다.

하지만 '아침 근무'를 하면 '근무 시작 전까지 앞으로 30분 남았네. 그때까지 이거는 마쳐야지'라고 집중하게 되므로 짧은 시간에 많은 일을 처리할 수 있다.

## 육하원칙에 따라 야근의 근본 원인을 파악한다

야근을 줄이려면 육하원칙에 따라 낱낱이 적어서 야근의 근본 원인부터 파악해야 한다.

다시 말해 '누가, 무엇을, 언제, 어디서, 왜' 야근했는지 조사하여 '어떻게' 개선할 수 있는지 생각해야 한다.

특히 근본적인 원인을 파악하는 데 가장 중요한 것은 몇 번이고 '왜?'를 거듭하는 것이다. 야근을 하게 된 계기는 무엇이고 그 일은 왜 일어났는가. 그 점에서 출발하여 몇 단계를 거쳐 생각의 깊이를 확장하면 반드시 진짜 원인이 보일 것이다.

## 동료와의 소통은 근무시간을 활용한다

10년 전만 해도 동료들끼리 퇴근 후에 술 한 잔을 기울이며 소통을 나누는 일이 일반적이었지만, 요즘 직장인에게는 얇은 지갑 사정과 장시간 근무로 인해 그럴 기회가 줄어들었다.

그러나 퇴근 후에 일부러 시간과 돈을 쓰지 않아도 근무시간을 이용해 충분히 인간관계를 돈독히 할 수 있다.

특히 점심시간은 근무시간 중에서도 업무 외의 이야기를 할 수 있는 귀중한 시간대. 경제적으로 부담이 적을 뿐 아니라 단시간에 끝나니 적극적으로 활용하자.

## 상습적인 야근을 피하고 '야근하는 날'을 정한다

야근을 전제로 일하면 애초에 생산성과 효율이 오르지 않는다. 어떤 사람은 노$^{No}$ 야근 데이$^{Day}$를 정하여 이 문제를 해결하려고 하는데, 그렇게 되면 본래의 취지와 달리 노 야근 데이가 아닌 날에 상습적으로 야근을 할 가능성이 커진다.

대신 '야근 데이'를 정하는 방법을 추천한다. 매일 질질 끌며 야근하는 습관을 중단하여 생활에 강약을 주면 자연스럽게 업무 집중도가 높아질 것이다.

## 저녁에 개인 일정을 잡아 야근의 악순환을 끊는다

할 일이 남아서 어쩔 수 없이 야근한다고 생각하겠지만 실은 야근이 습관이 된 사람도 많다. 밤늦게까지 야근하고 다음 날 피곤한 몸으로 출근하면 능률이 오르지 않아 느릿느릿 일하다

나는 왜 항상 시간에 쫓길까

가 결국 다시 야근을 하게 된다. 이러한 악순환을 끊기란 쉽지 않다. 하지만 방법이 아예 없는 것은 아니다. 저녁에 개인 일정을 잡으면 된다.

가장 효과적인 일정은 데이트 약속이다. 칼퇴근해서 약속 장소에 달려가려면 눈에 불을 켜고 일할 수밖에 없다. 학원이나 강연회에 가는 것도 좋다. '이걸 위해서라면 열심히 할 수 있는' 일정이 있으면 자신의 능력을 최대한 끌어낼 수 있으리라.

## 야근에서 해방된 시간을 자신에게 투자한다

불필요한 야근을 하지 않기로 하면 여유시간이 생긴다. 그 귀중한 시간을 자신에게 투자하자. 내가 가장 추천하는 것은 대학원이나 평생교육원 등 학교에 가거나 자격증을 취득하는 것이다. 학교에는 다양한 분야에 종사하는 사람들이 있으므로 회사만 다닐 때는 생각지도 못한 가치관과 사고를 접할 수 있다. 그 경험은 신선한 놀라움을 안겨주고 앞으로 일과 사생활에 많은 도움을 줄 것이다. 또 자격증을 취득하면 그 자격증은 평생의 보물로 남는다.

투자라고 해서 업무와 관련된 것만 생각할 필요는 없다. 취미에 몰두하는 시간을 갖거나 개인 생활을 충실히 하는 것도 좋다. 자신을 풍요롭게 하는 것은 모두 자신에 대한 투자라고 할 수 있다.

## '오늘은 ○시에 퇴근하겠습니다'라고 배수의 진을 친다

질질 끌며 일하다가 야근하는 것이 일상적이라면 '오늘은 ○시에 퇴근하겠습니다'라고 선언하자. 그러면 그때부터 제대로 일하게 될 것이다. 다른 사람들에게 피해를 주지 않기 위해서이기도 하지만 본인이 한 말을 지키기 위해 그 시간까지 업무를 마치려고 필사적으로 일하게 되기 때문이다.

실제로 해보면 야근을 반복하는 것은 상사나 부하직원의 탓만이 아니라 자신도 시간을 허비하는 데 일조했음을 깨닫게 될 것이다. 그 결과 조금이라도 효율을 높이는 업무 방식을 궁리하게 된다.

때로는 배수의 진을 쳐서 뒤로 물러날 수 없는 상황으로 자신을 몰아넣자. 잠재된 능력이 드러날 수도 있다.

## 서툰 일은 전문가에게 맡긴다

경험이 없는 일이나 서툰 분야, 시간이 걸리는 업무를 혼자 하려면 엄청난 품과 노동력이 들기 때문에 결과적으로 야근을 할 수밖에 없다. 이런 일에는 되도록 손을 떼고 그 분야의 전문가에게 맡기는 것이 상책이다.

예를 들어 청소나 이사 관련 업무, 총무나 서무 업무 등 전문가에게 맡기는 편이 좋은 일은 꽤 많다. 비용 대비 효과를 고려하면 외부에 위탁하는 것이 효율적이다.

**기한 내에 마치지 못할 일은 주위의 도움을 받는다**

비즈니스를 할 때는 정해진 기한을 반드시 지켜야 하므로 설령 일을 다 마치지 못해도 일단 제출해야 한다.

그러나 일을 마치지 못하고 제출했을 때 신뢰를 잃을 가능성이 있다면 그런 일은 절대로 혼자 맡지 말자. 곧바로 상사에게 상황을 보고한 후 지시에 따르거나 주위 사람들과 의논해 손이 비는 사람에게 도움을 청하는 것도 좋다. 업무 내용에 따라 다르지만, 외부에 맡겨도 되는 일이라면 주저 없이 외부의 힘을 빌리자. 업무량이 많은데도 좋은 실적을 내는 사람을 잘 살펴보면 자신의 부담을 요령껏 줄이는 경우가 적지 않다.

주위 사람에게 협조를 요청하는 일이 내키지 않을 수도 있겠지만 일 자체를 완료하지 못하는 것이 훨씬 심각한 사태임을 명심하고 바로 행동에 옮기자.

## 야근하지 않겠다는 결심이 야근을 줄인다

'업무 속도를 올리면 야근이 줄어든다'고 생각하는 경향이 있는데 사실은 그렇지 않다. 실제로는 '야근을 하지 않겠다고 결심하면 업무 속도가 오른다'가 맞다.

이때 중요한 것이 '퇴근할 용기'다. 정시에 일어나 회사를 나갈 용기를 내지 않으면 아무것도 바뀌지 않는다.

특히 일을 질질 끌다가 야근하는 사람의 경우, '죽어도 칼퇴근!'이라고 굳게 결심하면 나쁜 습관에서 벗어나 단시간에 성과를 낼 수 있다.

# 수첩을 활용한 일정관리

**제일 먼저 휴식시간을 적는다**

일하다 보면 업무가 자칫 예상보다 길어지거나 뒤로 밀리기 일쑤다. 물론 거래처와의 미팅 등 혼자 시간을 정할 수 없는 일도 많지만, 그렇지 않은 일인데도 질질 끌다가 야근을 하거나 다음 날로 넘기진 않는가?

일정한 시간 내에 일을 마치려면 일정을 짤 때 제일 먼저 휴식시간부터 정하자. 수첩에 '○시부터 30분간 휴식', '○일은 휴일'이라고 적고 그 시간이나 그날이 되면 방금 시작한 일이든 조금만 더하면 끝날 일이든 전부 중단하고 쉬거나 기분전환을 한다. '1시간만 더 있으면 쉴 수 있다'라고 생각하면 열심히 일할 마음이 솟구친다. 또한 휴식을 취하고 나면 재충전이 되어 업무의 질도 향상된다.

휴식시간을 빨간색으로 표시하는 것도 좋은 방법이다. 그러면 쉬는 시간이 시각화되어 자신이 그 시간에 무엇을 할 수 있는지 명확해진다. 즉, 쉬는 시간이 눈에 확 띄게 적는 것이 포인트다.

## 외출 일정은 출발시간과 소요시간을 함께 적는다

수첩에 약속 일정을 적을 때는 약속시간뿐 아니라 '출발시간'과 이동에 드는 '소요시간'도 미리 알아보고 적자.

그렇게 하면 '○시에 출발할 때까지 일할 수 있다'거나 '이동시간이 ○시간이니까 그때 다음 안건 자료를 읽어두자'라는 식으로 계획을 짜서 빈 시간을 최대한 효율적으로 사용할 수 있다.

## 일정의 종료시간도 적는다

누구나 한 번쯤 미팅이 예정대로 끝나지 않아 다음 일정의 시간을 잡아먹은 적이 있을 것이다.

이렇게 일정에 차질이 생기지 않도록 하려면 수첩에 그 일정의 시작시간뿐 아니라 종료시간도 적어두자.

예를 들어 13시에 미팅, 14시에 회의가 잡혀 있다면 '13시 50분 미팅 종료'라고 적는다. 그러면 그 시간에 맞춰서 행동하게 되므로 다음 일에 영향을 주지 않는다.

**임시 일정은 지워지는 필기도구로 적는다**

설령 확정되지 않은 임시 일정이라고 해도 다른 일정과 겹치지 않게 잊지 말고 수첩에 적어놓아야 한다. 미팅 날짜가 확실히 정해지지 않아 이 날이 될 수도 있고 저 날이 될 수도 있다면 그날들을 전부 기재하자.

이럴 때 볼펜으로 적으면 수정하기가 불편하다. 그러므로 임시 일정을 적을 때는 연필이나 프릭션처럼 지워지는 볼펜을 사용하고 그 일정이 확정되면 볼펜으로 고쳐 적자.

**실제 소요시간을 써서 작업의 전체상을 살펴본다**

많은 사람이 '원래 예정대로 되는 일이 어디 있어. 생각보다 늦어질 수도 있지. 문제만 생기지 않으면 된 거 아니야?'라고 생각하며 하루를 마친 후, 일정표에 적힌 내용을 되돌아보지 않는다.

그러나 때로는 하루의 끝에 수첩을 펼치고 그날 일정표의 여백에 실제로 일하는 데 걸린 시간을 쓰고 계획과 비교해봐야 한다. 게으름을 피워 시간을 낭비했거나 쉬운 일인 줄 알았는데 의외로 시간이 오래 걸린 일이 있었는가? 그렇다면 시간 배분을 대충해서일 수도 있다.

이렇게 자기 시간을 사용하는 법이나 업무 내용에 대한 생각을 전체적으로 살펴보면 개선할 점이 보일 것이다.

**수첩을 항상 펼쳐놓는 습관을 들인다**

수첩에 일정을 적는 것만으로 만족하면 안 된다. 일정을 깜빡하고 지나치거나 일정이 겹쳐서 갑자기 어느 하나를 취소하는 일을 방지하기 위해 수첩을 항상 펼쳐놓는 습관을 들이자.

특히 회사에서 자리에 앉아 있을 때는 절대로 가방이나 서랍 안에 수첩을 넣어두지 않도록 한다. 항상 책상에 꺼내놓고 눈에 띄는 곳에 펼쳐놓자. 또 외출해서도 정해진 시간마다 수첩을 펼치는 습관을 들이면 만에 하나 일어날 수 있는 실수를 미리 방지할 수 있다.

**일정의 성격에 따라 색깔별로 적는다**

수첩에는 업무와 관련된 일 외에도 개인 약속이나 쇼핑 리스트 등 자신과 관련된 일들을 다 적기 마련이다. 이것을 색깔별로 구분하여 적으면 시간 배분 상태를 한눈에 파악할 수 있다.

예를 들어 일이나 일과 관련된 식사는 검은색, 친구와의 만남은 파란색, 데이트는 빨간색, 그 밖의 개인적인 일이나 공부는 초록색으로 표시한다.

이렇게 하면 수첩을 펼쳤을 때 '이번 달은 놀기만 했네'라는 식으로 어디에 시간이 주로 배분되었는지 금방 확인할 수 있다. 또한 내지가 다양한 색상으로 채워져 있으면 즐거운 마음으로 수첩을 펼쳐 자주 적게 된다. 마음에 드는 필기구 중 좋아하는 색을 사용함으로써 업무 중에 살짝 기분전환을 할 수도 있다.

## 클라우드로 일정을 일괄 관리한다

언제 어디서 생길지 알 수 없는 것이 비즈니스 일정이다. 거래처와 상담을 할 때도, 사무실 책상에 앉아 있을 때도, 회의할 때도, 중요한 약속이 있거나 미정이지만 비워놔야 하는 날에도 회사 마감일이 불쑥 끼어들기 일쑤다. 그러므로 이 모든 것을 일정표에 적지 않으면 깜빡하거나 다른 일정과 겹치게 잡을 수도 있다. 사생활에서도 술 약속이나 데이트 약속이 생기지 않는가.

이런 일정은 구글 캘린더 등 클라우드로 일괄 관리하면 편리하다. 회사의 컴퓨터나 스마트폰으로 클라우드에 접속해 일정을 입력하기만 하면 된다. 클라우드는 인터넷만 가능하면 언제 어디서나 확인할 수 있고 변경하기도 쉽다. 또한 여기저기 달력이나 일정표에 기록하다가 발생하는 혼란과 누락을 방지할 수 있다.

# 시간관리로 업무 속도를 높인다

**일과 일 사이에 30분의 예비시간을 둔다**

업무 일정을 너무 빡빡하게 세우면 하나의 일이 약간만 늦어져도 그 다음 일들이 도미노처럼 밀리는 악순환에 빠진다.

이런 업무 정체 현상을 해소하려면 90분 일한 다음에는 30분간 쉬는 식으로 일과 일 사이에 예비시간을 두어야 한다. 그러면 어떤 일이 예정보다 늦어졌을 때 예비시간을 이용하여 다음 일을 예정대로 진행할 수 있다.

**자투리시간에 5분 만에 끝낼 수 있는 일을 한다**

회의나 상담 전후, 지하철로 이동할 때 발생하는 자투리시간도 모이면 큰 시간이 된다. 이 시간을 흘려보내지 않고 잘 활용할 수 있도록 자투리시간의 기준이라고 할 수 있는 5분간 무슨 일을 할지 미리 정해놓자.

뉴스 훑어보기, 메모 정리, 자료 확인 등 중요도와 긴급도가 낮고 5분 안에 할 수 있는 일은 특별히 머리를 쓰지 않아도 된다. 그러므로 회의나 상담처럼 사고력이 요구되는 업무 사이에 해도 부담스럽지 않다.

## 타이머로 표준작업시간을 파악한다

업무를 효율적으로 처리하려면 제일 먼저 자신의 현 상태부터 파악해야 한다. 기획서 작성이나 보고서 정리 등 일상적으로 하는 작업의 표준시간을 파악하면 시간을 끌면서 일하는 것을 방지할 수 있다.

그러면 표준작업시간은 어떻게 파악할 수 있을까? 여기서는 타이머 활용을 추천한다.

내가 어떤 일을 끝내는 데 얼마나 시간이 걸리는지 반복해서 측정하다 보면 자연스럽게 그 일의 표준시간을 알 수 있다. 또 현 상태를 파악하면 기록을 갱신하고 싶은 욕구가 생겨나 업무 처리 속도가 향상된다.

## 작업시간은 끊기 편한 시간으로 설정하지 않는다

우리는 통상적으로 30분이나 1시간 단위로 끊어서 작업시간을 설정하는 경향이 있다. 그런데 인간에게는 예정시간에 맞춰서 작업 자체를 조정하는 습성이 있다.

예를 들어 어떤 일정을 1시간으로 설정하면 50분이면 마칠 수 있는 일도 1시간이 걸린다. 10분이나 길게 작업한 셈이지만 업무의 질이 향상되는 경우는 거의 없다.

이런 시간 낭비를 막으려면 10분이나 5분 단위로 업무시간을 생각할 필요가 있다. 일부러 끊기 편한 시간으로 설정하지 않는 것이 일의 효율을 높여준다는 말이다.


## '언제까지 할 것인가'보다는 '언제부터 할 것인가'를 정한다

업무 일정을 세울 때 '언제까지 할지' 정하는 것도 중요하지만 사실은 '언제부터 할지' 정하는 것이 더 중요하다.

마감일만 정하면 초반에는 여유가 있다고 생각해서 일을 시작하는 것을 미루기 쉽다. 그러다가 막상 시작해보면 생각보다 버거운 일이어서 기일까지 마치지 못하는 경우가 종종 있다.

일단은 그 일을 시작해보자. 그러면 일의 전체상이 이해되어 언제까지 마칠 수 있는지 예상할 수 있다.

## 아침·점심·저녁 시간대별로 적합한 일을 한다

같은 일을 해도 시간대에 따라 일이 효율적으로 진행되기도 하고 지체되기도 한다. 효율적으로 일하려면 하루를 아침·점심·저녁으로 나누고 각 시간대에 적합한 일을 해야 한다.

두뇌 활동이 활발하고 전화나 이메일이 적게 오는 편인 아침 시간대에는 문서 작성이나 기획 등 사무 활동에 집중하면 좋다.

다음으로 점심은 다른 사람과 대화하거나 몸을 움직여야 하는 미팅이나 외출 등을 하기에 적합한 시간대다.

마지막으로 저녁은 하루 동안 쌓인 피로가 나타나는 시간대이므로 정형화된 업무나 남은 일 처리 등 매뉴얼에 따라 할 수 있는, 손을 움직이는 일을 하는 것이 좋다.


## 15분 단위로 과제를 설정하여 집중력을 지속시킨다

일하다 보면 그 일이 지겨워지거나 능률이 떨어질 때가 있다. 이것은 집중력이 떨어졌다는 증거다.

인간의 집중력은 약 15분 주기로 변한다고 한다. 그러나 회사에서 15분마다 휴식을 취할 수는 없는 노릇이다.

그러므로 지금 하는 일을 15분 단위로 끊어서 과제를 설정하고 차례대로 처리해서 집중력을 유지하자.

'이 데이터를 여기까지 입력한다', '이 서류를 확인하고 수정한다' 등 상세하고 구체적으로 과제를 정한다. 그러면 그 과제들을 하나씩 마칠 때마다 성취감을 느낄 것이다. 또한 짧은 휴지기를 거쳐 뇌의 집중력이 회복되므로 다시 15분간 열심히 하려는 마음이 생긴다.

## 1분 안에 결단하고 1분 안에 행동한다

무슨 일이든 '바로' 행동하는 것이 중요하다. 그런데 사실 우리 몸은 '바로'라는 추상적인 말만으로는 좀처럼 움직이지 않는다. 따라서 구체적인 목표 수치를 제시해야 훨씬 수월하게 결심한 바를 실행할 수 있다.

수치는 일종의 기준이므로 15분이든 30분이든 설정하는 사람의 자유다. 그러나 나는 1분 이내로 설정할 것을 권한다. 어느 정도의 긴장감이 판단력과 행동력을 높여주기 때문이다.

먼저 우리 몸에 '1분 안에 결단하고 1분 안에 행동하는' 감각을 주입해야 한다. 그러면 군더더기 없는 사고를 하게 되어 직감적으로 올바른 행동을 할 수 있다.

## 작업시간은 예상시간의 1.5배로 계산한다

3시간이면 충분할 줄 알았던 일이 실제로 해보니 더 오래 걸려서 당황할 때가 있다. 사실 작업시간은 예상시간의 1.5배로 계산하는 것이 적당하다.

먼저, 일할 때는 돌발 상황이 일어나거나 다른 업무가 끼어들 수 있음을 명심하자. 특히 주말이나 월말에는 절대로 미룰 수 없는 용건이 종종 끼어들어 원래 일정이 줄줄이 밀릴 수 있으므로 방심은 금물이다. 또 처음 하는 일은 경험이 있는 상사나 선배에게 얼마나 시간이 걸릴지 물어보자. 미리 의논해두면 돌발 사태로 인해 기한이 임박했을 때 도움을 받을 수 있을지도 모른다.

다만 시간을 여유 있게 계산했다고 해서 느슨해지면 안 된다. 시간이 남으면 다른 업무에 그 시간을 할당하자.

## 시간의 양보다 질을 높인다

'바쁘다, 바빠'라는 말을 입에 달고 사는 사람은 회사 일에 치여서 개인적인 시간을 어떻게 보낼지 생각할 겨를이 없다고 한탄한다. 그러나 더 많은 업무를 소화하면서도 새로운 일에 도전하는 사람도 있다.

하루는 누구에게나 24시간임에도 이런 차이가 생기는 것은 시간의 '양'이 아닌 '질'과 연관이 있다. 같은 1시간이지만 그 시간 동안 멍하니 있으면 정작 제대로 휴식을 취해야 할 때 시간이 부족할 수 있다.

바쁘다고 푸념하기 전에 자신의 시간 활용법을 되돌아보고 집중해야 할 때는 집중하여 시간의 질을 높이자. 그러면 마음은 허둥대는데 정작 일은 하지 않는 상황에 빠지지 않는다.

# 최상의 성과를 내는 업무관리법

**매일 TO DO LIST를 만든다**

TO DO LIST는 그날 할 일을 적어놓은 목록이다. 그런데 TO DO LIST를 수첩에 적으면 우선순위가 뒤바뀔 수도 있다는 이유로 그때그때 포스트잇에 할 일을 적어서 붙이는 사람도 많다.

그러나 사실은 매일 정해진 시간에 TO DO LIST를 적는 것이 좋다. 특히 하루가 시작될 때 적으면 그날의 모든 일정을 파악할 수 있다. 그러면 각각의 업무에 필요한 시간을 어림잡으면서 전체 일정을 짤 수 있으므로 뒤로 밀리는 일이 줄어든다.

## TO DO LIST와 함께 NOT TO DO LIST도 만든다

여러 가지 일을 처리할 때 TO DO LIST는 아주 유용한 도구다. 그러나 리스트의 항목을 하나씩 지워나가는 것 자체에 쾌감을 느끼게 되면 중요하지 않은 일도 전부 집어넣고 그 항목이 완료될 때마다 지우느라 오히려 업무 효율을 떨어뜨릴 수도 있다. 이런 오류에 빠지지 않도록 하면 안 되는 일을 적은 목록, 즉 NOT TO DO LIST를 함께 만들자.

NOT TO DO LIST에는 '이 작업을 마칠 때까지 메일을 확인하지 않는다', '○시 전에는 전화를 받지 않는다' 등 하면 안 되는 일을 적는다. 우선순위가 높은 일에 집중하기 위해 다른 일을 완벽히 차단함으로써 업무 효율과 질을 높일 수 있다.

## TO DO LIST는 하루 세 번 수정한다

TO DO LIST는 비즈니스 퍼슨을 지원해주는 든든한 도구다. 그러나 일은 예상대로 돌아가지 않기 마련이다. 상사가 급한 용건을 부탁하거나 생각보다 시간이 걸리는 업무도 있다.

그러므로 TO DO LIST를 하루에 세 번은 수정하자. 일의 우선순위가 바뀌거나 추가해야 할 일이 생기기 때문이다.

리스트에 누락된 사안은 없는지 확인하거나 순서를 바꾸기만 하면 되므로 수정 작업에 시간을 들이거나 심각하게 생각할 필요가 없다. 근무시간이 시작되기 전, 점심을 먹은 후, 근무시간이 끝나기 전 등 시간을 정해놓고 재빨리 훑어보며 수정하면 된다.

## TO DO LIST를 공유한다

TO DO LIST의 장점은 자신의 업무 전체상을 파악할 수 있다는 점이다. 그러나 본인만 알고 다른 사람들은 파악하지 못하면 새로운 일을 연이어 받게 되므로 결국 업무 효율이 떨어진다.

즉, 팀으로 일을 진행할 때는 TO DO LIST를 모든 팀원과 공유할 필요가 있다.

매일 아침, 모든 팀원이 볼 수 있는 화이트보드에 TO DO LIST를 적어두는 등 주위 사람들에게 자신의 바쁜 정도를 시각적으로 알려서 원활하게 소통하도록 하자.

## TO DO LIST의 완료 항목을 지워 업무 달성도를 시각화한다

TO DO LIST는 업무를 명확히 인식하게 하고 의욕을 끌어내는 역할도 한다.

TO DO LIST 중 완료한 일을 표시할 때는 큼지막하게 가

위표를 하거나 좋아하는 색상의 필기구로 이중선을 그어 눈에 확 띄게 하자. 지워진 항목이 늘어날 때마다 잇달아 쳐들어오는 적을 쓰러뜨리며 전진하는 듯한 성취감이 들 것이다.

목표는 물론 모든 항목을 완료하는 것이다. 그 후에는 하고 싶은 일을 하며 푹 쉴 수 있는 시간이 당신을 기다리고 있다.

## 일을 중요도와 긴급도로 분류한다

할 일이 너무 많아 매일 그 일을 처리하는 것만으로도 버겁다면 아무리 일을 끝마쳐도 다음 일에 쫓겨서 숨이 막힐 것이다.

이럴 때는 모든 업무를 '중요도'와 '긴급도'로 분류하자. 중요도와 긴급도가 모두 높은 일만 있다면 시간에 여유가 없는 것이 당연하다. 그렇다고 계속 그 일을 혼자 해나간다면 정신이 피폐해져 일의 질이 저하될 위험이 있다.

그러니 어떻게 하면 그 일을 요령 있게 마칠 수 있는지, 동료나 부하직원과 업무를 분담할 수 있는지 등 일 전체를 재검토하며 분류하자. 그중에서 중요도와 긴급도가 낮은 일이 있다면 그 일은 완벽을 추구하지 않고 편하게 해도 될지, 또는 뒤로 미루어도 될지 생각한다. 이렇게 하면 전체 일정을 고려하며 일을 진행할 수 있다.

## 중요도와 긴급도가 높은 일을 우선한다

중요도와 긴급도에 따라 맡은 일의 우선순위를 정하면 자신의 페이스대로 일할 수 있다.

중요도와 긴급도가 둘 다 높은 일은 당연히 제일 먼저 완벽하게 마쳐야 한다. 그에 반해 중요도는 높지만 긴급도가 낮은 일은 기한을 확인한 뒤 찬찬히 처리해도 된다.

한편 일상적인 업무에는 중요도는 낮지만 긴급도가 높은 일도 많다. 이것은 익숙해지면 단시간에 할 수 있으므로 자투리시간을 활용하자. 마지막으로 중요도와 긴급도가 모두 낮은 일은 보류해도 되는 일이다.

하지만 그런 일도 계속 미루다 보면 쌓이고 쌓여서 나중에 허둥대게 된다는 점을 잊지 말자.


## 같은 종류의 일은 한 번에 몰아서 한다

우리가 매일 하는 일에는 전화 연락, 이메일 주고받기, 우편물 처리, 서류 및 자료 작성 등 소소한 일이 많다.

이런 일은 같은 종류끼리 모아 한 번에 몰아서 하는 편이 효율적이다. 전화 연락이라면 전화 연락만, 메일 확인이면 메일 확인만 한 번에 몰아서 하는 식이다.

나는 왜 항상 시간에 쫓길까

그 사이에 다른 일을 끼워 넣으면 집중력이 떨어질 뿐 아니라 자리에서 왔다 갔다 하거나 컴퓨터 화면을 바꿔가며 다른 프로그램을 여는 등 쓸데없는 데 시간을 낭비하게 된다. 하나하나 보면 짧은 시간이지만 전부 합하면 몇십 분이나 될 것이다. 반면 비슷한 일을 한꺼번에 하면 점차 처리 속도가 올라서 척척 해치울 수 있다.

생각날 때마다 이것저것 손대지 말고 계획적으로 처리하자.

## 하나의 행동에 두 가지 이상의 목적을 부여한다

하나의 행동에 두 가지 이상의 목적을 부여한다고 하면 어렵게 들릴지도 모른다. 하지만 이것은 일상생활에서 누구나 자연스럽게 하는 일이다. 영화를 보러 간 김에 쇼핑을 하거나 전철을 기다리면서 공부를 하는 '하는 김에', '하면서', '일석이조'가 효율화의 기본이다. 이것을 의식하면 생각보다 시간을 절약할 수 있는 방법이 많다는 사실을 깨닫게 될 것이다.

이 일을 부서 차원에서 실행하면 더욱 효율적으로 일할 수 있다. 평소에 원활하게 소통해두면 누군가가 지점에 간 김에 다른 사람의 용무를 같이 처리해주는 등 협업을 통해 매끄럽게 일을 진행할 수 있다.

## 행동을 시각화하여 하루를 객관적으로 분석한다

오늘 하루를 어떻게 지냈는지 돌아봤지만 어렴풋한 인상만 남아 있지 않은가? 그렇다면 한 번쯤 모든 일을 시각화하여 하루를 객관적으로 분석해봐야 한다.

6시 30분에 일어나 세수·식사·용변을 마치고 7시 20분에 집을 나서고… 이렇게 아침부터 잠자리에 들기까지 하루의 행동을 상세하게 기록하여 한눈에 볼 수 있도록 하는 것이다.

평일이면 24시간 중 일하는 시간이 가장 많을 것이다. 수면과 식사, 집안일을 하는 시간도 필요하다. 또 휴일에는 놀러 가거나 취미생활을 할 시간도 확보해야 한다. 이렇게 보면 뺄 것이 하나도 없어 보인다. 하지만 찬찬히 살펴보면 집에 오자마자 TV를 켜서 특별히 보고 싶지도 않은 프로를 보거나 습관적으로 게임을 하는 등 개선해야 할 행동이 눈에 보일 것이다. 이렇게 자신의 하루를 시각화하면 쓸데없는 데 허비하는 시간을 잡아낼 수 있다.


## 출장지의 약속 일정을 효율적으로 잡는다

업무 관련 약속을 잡을 때의 핵심은 상대방의 일정을 생각하면서 되도록 빠른 시기에 연락하는 것이다.

특히 출장을 갈 때는 단발적인 약속을 잡지 않도록 하자. 그 출장의 목적인 중요한 약속을 제일 먼저 정하고 나서 다른 약속을 잡으면 효율적으로 일정을 짤 수 있다.

또한 여러 개의 약속을 잡았을 경우, 동선을 고려하며 방문하자. 숙박처도 아침 일찍 만나기로 약속한 클라이언트의 근무처에 가까이 잡으면 시간을 효율적으로 사용할 수 있다.

## 외출 일정을 한꺼번에 잡아 이동시간을 단축한다

회사에서 거래처로 가려면 당연히 이동시간이 걸린다. 왕복으로 계산하면 하루에 상당한 시간을 잡아먹는다. 그러므로 외출 일정을 한꺼번에 잡으면 이동시간을 훨씬 단축할 수 있다.

A사 다음에 B사, 그리고 C사를 도는 식으로 연이어 용건을 마치는 것이다. 이른바 거래처 '사다리'다. 그러면 이동시간이 단축되어 그만큼 사무실에서 일을 더 할 수 있고 회사와 거래처를 몇 번씩 왔다 갔다 하는 것보다 덜 피곤하다.

다만 A사와의 미팅이 길어져 B사와의 약속시간을 어기게 되는 일이 없도록 신중하게 일정을 짜자.

## 자투리 업무는 외출했을 때 처리한다

일상적인 업무를 하다 보면 자잘한 일들이 조금씩 쌓여간다. 그러나 이런 자투리 업무를 하기 위해 일부러 시간을 확보할 필요는 없다. 신경이 쓰이는 일이 있다 해도 일단은 목록으로 정리하여 놔두자.

자투리 업무는 자투리시간에 하는 것이 가장 적합하기 때문이다. 지하철을 기다리는 시간이나 사무실에서 업무와 업무 사이에 잠깐 뜨는 5분, 10분의 자투리시간을 효율적으로 사용할 수 있도록 평소에 자투리 작업에 필요한 자료를 준비해두자.

## 일의 진척도를 시각화하여 실수를 줄인다

일이 장기화되거나 복잡해질수록 실수를 많이 할 확률이 높아진다. 그런 사태를 피하려면 일의 진척도를 표로 작성하는 등 업무 진척 상황을 시각화하여 여러 번 확인해야 한다.

특히 팀 프로젝트를 진행하는 경우에는 일정을 공유하여 구성원의 현재 상황을 다 확인할 수 있는 진척도를 표로 작성하자. 또 IT 도구를 이용하면 정보 공유를 실시간으로 원활하게 할 수 있다.

나는 왜 항상 시간에 쫓길까

## 진행 상황을 자주 확인하여 문제가 있으면 궤도를 수정한다

순조롭게 진행되던 일에 갑자기 문제가 발생할 때가 있다. 그러나 진행 상황을 자주 확인하면 문제가 커지기 전에 궤도를 수정할 수 있다.

어떤 일을 계획하고 실행에 옮기는 단계까지는 꼼꼼하게 확인해도 일단 일을 착수하고 나면 실수나 누락 사항이 없는지 살펴보는 데 소홀하기 쉽다. 그러니 정기적으로, 또 부정기적으로도 진척 상황을 확인하자. 궤도 수정은 빨리 할수록 쉽기 때문이다.

이러한 습관이 생기면 불필요한 프로세스나 중복된 작업을 발견하여 생략하는 등 초기 단계에 문제점을 찾아내 해결할 수 있다. 자주 확인함으로써 군더더기 없는 업무를 할 수 있는 것이다.

## 일은 작업시간이 아닌 결과로 평가받는다

매일 밤늦게까지 야근을 하니 나는 일을 잘하는 사람이라고 생각하는가? 우리 사회에는 막차 시간까지 야근을 하거나 수면부족과 과로를 자랑인 양 말하는 풍조가 아직 만연하며 상사보다 일찍 퇴근하면 손가락질을 당하기까지 한다.

이에 비해 다국적 기업은 상당수가 연봉제이므로 아무리 야근을 해도 급여에 변화가 없다. 오히려 야근을 하는 사람은 무능하다고 인식되며 아무리 직급이 높아도 성과가 나지 않으면 즉시 해고되는 경우도 드물지 않다.

뭐가 더 좋다고 단언할 수는 없지만 일은 그 일에 걸린 시간이 아니라 결과로 평가받는다는 것을 명심하자.

# 시간 단축의 열쇠는 사전 계획

**하루 일정은 그 전날 세운다**

하루 일정은 그 전날 세워야 일을 원활하게 처리할 수 있다. 이때 확실하게 할 수 있는 범위 내에서 하루 일정을 정해야 한다는 점을 명심하자.

이것도 저것도 다 하겠다고 욕심을 부리면 결국 그 일을 다 마무리하지 못할 수도 있다. 만약 시간이 남으면 다음 날 할 일을 미리 하면 되므로 절대 일정을 빡빡하게 짜지 않도록 하자.

또 일정을 직접 눈으로 확인하면 깜빡하는 실수를 줄일 수 있다. 일정을 세울 때는 반드시 수첩에 적자.

## 낮 12시를 하루의 가마감 시간으로 정한다

하루 일정을 세워도 생각만큼 진행되지 않아서 저녁 무렵에 허둥댄 적이 있는가?

그렇다면 그 대책으로 그날 할 일을 모두 낮 12시까지 마쳐보자. 물론 '그게 될 리가 있느냐'고 생각할 것이다. 그래도 일을 시작할 때 마음속으로 낮 12시를 가假마감 시간으로 정하고 불완전한 상태든 아니든 그때가 되면 일단은 마쳐보자.

일 처리가 늦는 사람은 대개 '라스트 스퍼트형'이다. 발등에 불이 떨어져서야 일에 착수하면 실수나 돌발 사태가 발생하여 오히려 시간을 빼앗긴다. 미리미리 일을 하면 전체상을 파악하여 불완전한 부분을 다시 살펴보고 양질의 내용으로 마무리할 수 있다.

## 자투리시간에 할 일을 전날 적어둔다

업무 중에는 단시간에 마칠 수 있는 일도 있다. 그런 일은 일일이 시간을 정하지 않아도 자투리시간을 이용하여 효율적으로 처리할 수 있다. 자투리시간에 하는 일을 전날 퇴근 전에 목록으로 적어두자. 그러면 깜빡 잊어버리는 것을 막을 수 있다. 전날 목록화하는 이유는 자투리시간이 보통 그날 아침에 갑자기 생기기 때문이다.

거래처나 상사의 사정으로 갑자기 시간이 비었다고 하자. 그때가 되어서야 무엇을 할지 생각하면 아까운 시간만 눈 깜짝할 새 지나가버린다. 하지만 미리 적어두면 많은 일을 처리할 수 있고 그 일들을 완료했다는 성과가 눈에 보이므로 성취감을 느낄 수 있다.

또 목록을 만들어두면 할 일을 한눈에 볼 수 있으므로 일을 쌓아두는 버릇이 없어진다.

## 한 주의 일정은 그 전 주에 세운다

한 주의 대략적인 일정은 그 전 주에 세워두면 매끄럽게 진행할 수 있다. 일정을 세울 때는 먼저 그 전 주부터 이어지는 일을 월요일에 집어넣은 다음 업무 순서와 우선순위에 따라 새로운 일을 할당하면 된다.

이때 하루 일정을 세울 때와 마찬가지로 주간 일정을 너무 빡빡하게 채워서는 안 된다. 예기치 않은 일이 들어와도 대응할 수 있도록 어느 정도 시간을 여유 있게 잡자.

또 하루 일정이 계획대로 끝나지 않더라도 늦어도 며칠 후에는 마칠 수 있도록 유연하게 일정을 짜자.

## 일을 시작하기 전에 소요시간을 정한다

업무 속도를 올리려면 일을 시작하기 전에 소요시간을 정해놓아야 한다. 짧으면 10분, 길면 3시간, 이런 식으로 미리 소요시간을 정해두자. 이때 시간 설정은 개개인의 자유다.

여기서 중요한 것은 예상한 소요시간보다 얼마나 빨리 일을 끝내느냐가 아니다. 마감시간을 정함으로써 그때까지는 일을 끝내야 한다는 심리가 작동해 업무 속도가 확 오르는 것이 이 방법의 가장 큰 장점이다.

## 하루 중 몰아서 전화하는 시간을 정한다

하루 중 몰아서 전화하는 시간을 정하는 것도 일에 집중하기 위한 방법 중 하나다.

생각날 때마다 바로 전화를 하는 대신 전화해야 할 상대를 일단 쭉 적어놓고 10시, 14시, 16시와 같이 정해놓은 시간대에 몰아서 전화를 한다.

전화를 받을 때는 일에 집중하고 싶은 시간대를 정하여 그때 걸려온 전화는 전부 부재중이라고 둘러대게 한 뒤 나중에 다시 걸도록 한다. 다만 동료에게 반드시 사정을 설명해서 미리 양해를 구해야 하며 긴급 전화는 예외로 해야 한다.

## 실제 마감일보다 앞당긴 나만의 마감일을 만든다

항상 업무 마감일에 쫓기다가 간신히 일을 마치는 사람이 많다. 좀 여유 있게 일을 마치고 싶은데 말이다.

그런 사람에게 권하는 방법은 상사나 거래처가 요구하는 마감일보다 좀 더 앞당겨서 자신만의 마감일을 만드는 것이다.

절대 불가능하다고 생각할 수도 있겠지만 실제로 해보면 앞당긴 마감일을 지킬 수 있는 경우가 꽤 많다. 그러면 자료를 제출하기 전에 다시 한 번 살펴보거나 남은 시간에 다른 업무를 할 수 있다.

언제나 마감 직전에 겨우 일을 끝내는 사람은 무의식중에 시간을 허비하다가 발등에 불이 떨어져야만 본격적으로 집중하기 시작한다. 그렇게 해도 결과적으로는 마감일을 지켜왔으므로 또 같은 상황을 계속 되풀이하는 것이다.

## 한 달간의 전체 일정을 살펴보며 공백을 만든다

수첩이 일정으로 빽빽하게 메워져 있으면 왠지 좀 뿌듯해진다.

그러나 일부러 아무 약속도 없는 '빈 하루'를 만들어보면 어떨까? 일정을 넣으면서 공백인 날이 눈에 들어오면 그날에는 최대한 아무 일정도 넣지 않는 것이다.

한 달간의 일정을 훑어보면 내가 하는 일의 경향을 파악하고 일정을 수정할 수도 있다. 그렇게 확보한 빈 하루에는 평소 잘게 쪼개진 시간에는 좀처럼 할 수 없는, 깊이 사고하고 집중해야 하는 일을 해보자.

한 달 중 단 하루도 자유롭게 조정할 수 없다면 지금의 일정이 적절한지 근본적으로 다시 생각해보아야 한다.

## 1년 뒤의 일정을 계획한다

1년 뒤 무슨 일이 일어날지 어떻게 알겠는가, 그러니 여행이나 휴가 일정은 그때가 되어봐야 짤 수 있다고 생각하지 않는가.

물론 1년 뒤 어떻게 될지는 아무도 모른다. 그러나 과감하게 1년 뒤의 일정을 계획하면 그 일정을 염두에 두고 행동하게 되며 업무를 미루지 않고 빨리 처리하려는 의욕이 생겨난다. 여행을 갈 경우 1년 전에 예약하면 교통수단이나 숙박처를 저렴한 가격에 구할 수 있고 그곳에서 무엇을 하며 놀지도 느긋하게 계획할 수 있다.

회사에는 '이때 휴가를 가려고요'라고 미리 양해를 구한다. 그렇게 하면 그때가 다가왔을 때 도저히 휴가를 낼 수 없는 사태가 발생해서 눈물을 머금고 취소하는 비극을 피할 수 있다.

## 5퍼센트의 여유시간으로 현 상황을 개선한다

언제나 일에 쫓기면 업무 개선을 꾀할 수 없다. 먼저 '어쩔 수 없이 일한다'는 의식을 버리고 '5퍼센트의 여유시간'을 만들자. 근무시간이 8시간일 경우, 5퍼센트는 25분 정도다.

물론 바쁠 때는 힘들겠지만 그래도 기상시간을 좀 앞당겨서라도 나만의 시간을 확보하여 일의 주체는 자신임을 각인시키자. 그렇게 차분히 생각하다 보면 일에 허덕일 때는 깨닫지 못했던 효율적인 업무 처리 방법이 생각나거나 자신이 필요 없는 일까지 도맡고 있음을 깨달을 수도 있다.

5퍼센트의 여유시간이 우리를 현 상태에서 한 걸음 나아갈 수 있게 한다.

# 아침·점심·저녁을
# 효율적으로 활용한다

**근무시간과 상관없는 나만의 기상시간을 정한다**

매일 아침 회사에 지각하지 않기 위해 설정해놓은 알람시간에 맞춰 일어난다. 근무 시작이 9시이므로 아침을 먹고 7시 50분 급행 지하철에 타려면 6시 반에 일어나야 한다. 대부분의 사람은 이렇게 아침시간을 보내지 않을까?

하지만 여기서 발상의 전환을 하여 근무시간과 상관없이 자신이 정한 시간에 일어나면 어떨까? 물론 지각하면 안 되므로 기상시간을 앞당기게 되겠지만 그 시간은 나만의 자유시간인 셈이다. 일찍 나가면 출근길이나 지하철도 비교적 한산해서 편하다. 또한 지하철을 타면 독서나 공부를 하기도 쉽다. 환승도 쉬우니 이동시간 자체가 단축된다. 지금까지 회사에 빼앗겼던 기상시간을 결정할 권리를 되찾는 것이라고 생각하자.

**이른 아침 아무에게도 방해받지 않는 집중시간을 확보한다**

늦잠을 자는 바람에 부랴부랴 아침을 먹는 둥 마는 둥 하고 콩나물시루 같은 지하철에 끼어 지각 일보 직전에 회사로 뛰어든다. 잠이 깨지 않아 몽롱한 오전을 보내다가 정신을 차리니 벌써 점심시간이다. 이런 나날을 보내고 있다면 정말 아까운 일이다. 이런 사람은 아침에 일찍 일어나는 습관을 들이자.

인간의 뇌는 아침에 눈을 뜬 지 3시간 뒤에 가장 효율적으로 움직인다. 수면을 취함으로써 전날의 기억이 정리됐기 때문에 새로운 기억이 쉽게 입력되며 창의성이 발휘된다. 그러니 이 시간을 헛되이 보내선 안 되지 않을까.

처음에는 일찍 일어나는 것이 힘들겠지만 일찍 일어나면 최상의 컨디션으로 업무에 집중하는 시간을 확보할 수 있다. 오전 중에 업무를 마치면 오후에는 다른 사람과 소통하거나 동료와 협업하는 일을 하면 된다.

세계적인 기업의 최고경영자 중에는 아침에 일찍 일어나는 사람이 많다. 비즈니스 퍼슨의 성공 여부는 아침시간 활용에 달려있다고 해도 과언이 아니다.

## 출근 후 곧바로 컴퓨터를 켜지 않는다

출근 후 곧바로 컴퓨터를 켜는 것은 절대 하지 말아야 할 행동이다. 컴퓨터를 켜면 제일 먼저 이메일 확인이나 인터넷 서핑을 하고 싶어진다. 답변 메일을 쓰거나 인터넷 화면에 보이는 정보를 계속 보다 보면 눈 깜짝할 새에 오전이 다 간다.

이런 시간 낭비를 없애기 위해서라도 출근하면 가장 먼저 TO DO LIST를 작성해야 한다. 퇴근시간과 그날 할 일의 마감시간도 함께 정해두면 업무를 효율적으로 처리할 수 있다.

## 아침의 첫 루틴이 업무 모드 전환을 도와준다

출근하자마자 업무 모드로 전환하는 것은 그날 일의 능률을 높이기 위한 중요한 요소다. 그리고 업무 모드로 전환하는 데 효과적인 것이 아침에 하는 첫 루틴이다.

루틴이란 매일 반드시 하는 '나만의 규칙'을 말한다. 근무 시작 전에 스트레칭을 한다거나 자리에 앉기 전에 커피를 마시는 등 일을 시작하기 전에 할 일을 하나 정하고 그것을 습관화한다. 이는 그날의 컨디션에 좌우되지 않고 몸이 자연히 업무 모드로 전환되게끔 도와준다.

## 먼저 메일을 보내서 돌발적인 업무를 일정에 반영한다

갑자기 일정이 변경되거나 문제가 발생하면 본래의 업무 페이스가 크게 흐트러지기 마련이다. 그러나 아침에 출근하자마자 메일을 보내면 피해를 줄일 수 있다.

돌발적인 업무 중에는 전혀 예상하지 못한 것도 있지만 왠지 좀 못 미더운 사람 때문에 일어나는 경우도 많다. 예를 들어 툭하면 일정을 바꾸는 버릇이 있는 상사나 거래처, 월말만 되면 지원요청을 하는 동료 등이 있다.

그러므로 아침에 출근하면 메일로 '진행 상황은 어떻습니까?', '문제는 없나요?' 하고 선수를 치자. 문제가 있다면 그렇다는 답변 메일이 올 것이므로 신속하게 대처할 수 있다. 수동적으로 기다리기만 해서는 문제 상황을 헤쳐 나갈 수 없다.

## 주요 업무는 오전에 마친다

하루 종일 완성도가 높은 업무를 처리하는 것은 무척 어려운 일이다. 도중에 집중력이 흐트러져 작업 효율이 떨어지리라는 전제하에 행동하는 것이 현실적이다. 이때 중요한 것이 어느 시간대에 그날의 주요 업무를 처리할 것인가 하는 점이다.

일반적으로 근무 시작 전부터 점심시간까지의 오전 시간대는 가장 업무 효율이 좋은 골든타임이다. 이때 업무력을 최고조로 올리기 위해서라도 근무시간에 딱 맞춰 오는 것은 피하자. 근무시간이 되기 전에 준비를 마쳐 최상의 실력을 발휘하도록 하자.

## 그 주의 일은 금요일 오전에 마친다

시간 낭비 없이 업무를 적확히 배분하는 습관을 들이고 싶다면 그 주의 업무를 금요일 오전 중에 마치도록 하자. 그러면 업무 집중력이 향상되어 다음 주로 업무를 넘기지 않게 된다.

그리고 일정대로 오전에 일이 끝났다면 남은 시간 동안 다음 주 업무를 효율적으로 처리하려면 어떻게 해야 할지 생각하자.

그 밖에는 기획이나 작업 효율화를 꾀하는 아이디어를 생각하는 데 쓴다. 이는 업무의 질을 높이고 자기 자신의 스킬을 강화하는 선순환을 이룰 것이다.

## 오후에 짧은 낮잠으로 집중력을 유지시킨다

점심식사를 하고 나면 졸음이 쏟아지고 오전부터 쌓인 피로가 몰려와 집중력이 저하되기 쉽다. 이 시간에는 사무실 전체에 나른한 분위기가 감돈다. 그럴 때 뇌를 활성화하고 싶다면 낮잠이 효과적이다.

단, 너무 오랫동안 자면 역효과를 일으킬 수 있다. 오래 자서 뇌가 숙면 상태에 들어가면 눈을 떠도 졸음이 계속되어 오히려 멍한 상태가 된다. 뇌를 회복시키는 데 가장 적합한 수면 상태는 20분 이내의 짧은 가수면이다.

회사에서 낮잠을 자기 어려운 사람은 지하철이나 커피숍에서 눈을 감고 심호흡을 반복해보라. 그렇게만 해도 효과가 있다. 원활하게 가수면을 할 수 있도록 먼저 집에서 시도해보자.

# 업무시간을 단축하는 역발상

**시간 날 때 해도 되는 일을 가장 먼저 한다**

상사가 '시간 날 때 해도 된다'며 일을 부탁했다고 하자. 그런데 그 말을 액면 그대로 받아들이고 일을 미루다 보면 아예 잊어버리거나 너무 늦어져 버릴 수도 있다.

사실 회사에서 시간 날 때가 언제 있겠는가. 급한 일을 처리하는 것이 아니라면 상사의 부탁을 미루지 말고 최우선으로 처리하자.

이것은 상사를 기쁘게 하기 위해서만이 아니다. 미리미리 그 일을 완료하면 상쾌한 기분이 들어 본래 자신의 업무도 의욕적으로 임하게 된다.

나는 왜 항상 시간에 쫓길까

## 시간 내에 마칠 수 없는 일은 중간에 끊는다

일을 할 때 마감시간을 정하는 것도 중요하지만, 효율적으로 일하려면 사고의 전환 또한 필요하다.

시간 배분을 잘못하거나 돌발 사태가 발생하거나 집중력이 저하되어 자신이 정한 시간 내에 일을 마치지 못할 때가 있다. 그리고 이런 상황은 언제든지 발생할 수 있다. 이럴 때는 업무 내용에 따라 다르겠지만 집중하지 못하고 시간만 질질 끌며 일하기보다는 일단 중지하고 그 일을 다음 날로 넘기는 용기를 갖는 것이 중요하다.

하룻밤 지나서 오히려 더 좋은 성과를 내는 경우도 있으므로 과감하게 퇴근한다는, 유연한 사고로 업무에 임하자.


## 어중간한 단계에서 퇴근한다

집중력을 어떻게 유지할 것인가는 아주 중요한 사안이다. 그런데 일반적인 생각과는 달리 일부러 어중간한 단계에서 일을 마치면 집중력을 유지하는 데 도움이 된다.

보통은 딱 떨어지는 시점에 일을 마치고 깔끔한 마음으로 퇴근하고 싶어 하지만 그렇게 하면 집중력 스위치도 함께 내려간다.

그러므로 하던 일을 일부러 남기고 퇴근하면 그 일을 빨리 처리해야 한다는 심리가 작용하여 다음 날 아침에 금방 집중력을 발휘해 업무에 임할 수 있다.

## 남과 다른 시간대에 행동한다

사람은 주위 사람들과 같은 행동을 해야 마음이 놓이는 존재다. 그러나 남과 같은 시간대에 움직이면 시간을 허비하기 쉽다.

예를 들어, 점심시간을 피해 11시경에 식사를 하러 가면 인기 있는 식당도 줄을 서지 않고 곧바로 들어갈 수 있다.

출근시간을 앞당기거나 점심시간에 차분히 생각해야 하는 업무를 하는 등 사람들이 많이 몰리는 시간대를 피해서 행동하면 스트레스가 없는 환경에서 일할 수 있다.

## 누구나 같은 결과가 나오는 일에 시간을 들이지 않는다

간단한 일은 단시간에 마치고 중요한 일에 시간을 들여야 한다.

물론 어떤 일이든 최선을 다해야 한다. 그러나 정형화된 견적서나 계약서 작성을 비롯하여 누가 해도 같은 결과가 나오는 일상 업무의 경우 단시간에 마치는 것이 더 중요하다. 그러므로 그런 일을 얼마나 단시간에 마칠 것인지가 업무 전체의 효율에 큰 영향을 미친다.

우선 그 일이 정말로 중요한지부터 살펴보자. 그리고 일의 난이도에 따라 준비 작업과 시간 배분을 수정하면 같은 시간을 들여도 더 좋은 결과를 낼 수 있다.

**우선순위에 집착하지 않는다**

많은 비즈니스 서적이 일의 우선순위를 정하는 것이 얼마나 중요한지 강조한다. 물론 이론상으로는 틀린 말이 아니다. 그러나 그 점에 너무 집착해서 우선순위를 정하는 데 시간을 허비하느라 오히려 늦게 일에 착수하는 경우가 왕왕 있다.

아무리 우선순위를 꼼꼼히 정해도 막상 일을 시작하면 예기치 못한 일들이 일어날 수 있다. 우선순위를 정할 때는 전혀 예상하지 못했던 일들이 갑자기 발생하는 것이다.

그럴 때는 일단 다시 시작하면 된다는 생각으로 유연하게 대처하는 것이 중요하다.

**휴일에도 평일과 같은 생활 리듬을 유지한다**

휴일에 늦잠을 자는 것이 유일한 낙이라는 사람도 있겠지만, 휴일도 평일과 같은 생활 리듬으로 지내면 어떨까? 점심시간이 되어서야 눈을 뜨고 그 상태로 멍하니 있다가는 귀중한 휴일을 그냥 흘려보내기 십상이다.

잠이 부족하면 잠을 몰아서 자면 된다고들 하지만 이것은 아무 효과도 없다. 오히려 늘어난 잠 때문에 생활 리듬이 무너져 본래의 리듬을 회복하려면 오랜 시간이 걸린다. 휴일이라 여유롭게 쉬고 싶어서 자는 늦잠이라면 몰라도 도저히 일어날 수가 없어서 늦잠을 자는 것이라면 평일에 수면부족으로 피로가 누적되어 있을 수 있다. 그런 경우에는 전체적인 생활 패턴을 점검해보자.

휴일에도 평일과 같은 생활 리듬을 유지하면 일과 휴식 모드를 원활하게 전환할 수 있어서 오히려 활력이 생긴다.

Chapter 02

# 직장인이 꼭 알아야 할
# 시간 단축 기술

# 가벼운 마음으로
# 일을 시작하게 하는 기분전환법

**하기 싫어도 일단 시작한다**

어렵거나 귀찮은 일은 뒤로 미루기 일쑤다. 그러나 몸은 꿈쩍도 안 하면서 '빨리 해야 하는데'라고 생각만 하고 있으면 스트레스가 쌓여 그 일이 점점 더 싫어진다.

하기 싫은 일을 시작할 때는 '일단 10분만 하자'고 정하고 무조건 시작하자. 처음에는 자료를 수집하거나 문서 형식을 만드는 등 구체적이고 간단한 일을 하는 것이 좋다. 실제로 해보면 10분이 금방 지나가 좀 더 하고 싶어지거나 생각보다 일이 잘 진행될 것이다. 다음 날에도 '10분만 하자'는 생각으로 해보자. 그리고 그 일을 계속하고 있는 자신을 칭찬해주자. 그러면 점차 그 일이 싫다는 생각이 줄어들고 일에 탄력이 붙어 착착 진행될 것이다.

하기 싫다고 내버려 두어도 결국에는 해야만 한다. 하기 싫다고 끙끙거리면 불쾌하기만 할 뿐이므로 조금씩이라도 시도해보자.


**두려운 일을 할 때는 체험 기간이라고 생각한다**

실패가 두려워 주저하거나 해야 할 일을 뒤로 미루진 않는가? 특히 처음 하는 업무일 경우에는 더욱 주저하거나 미루고 싶어지기 마련이다.

그럴 때는 스스로 '체험 기간'을 설정하자. 통신판매 상품이나 피트니스 클럽은 체험 기간을 두는 경우가 많다. 체험 기간이라고 하면 부담 없이 상품을 구입하거나 이용해보려는 마음이 들기 때문이다.

자신이 하는 일도 체험 기간이라고 생각하면 실패에 대한 두려움이 줄어들 것이다. 처음부터 잘 되는 일이 어디 있겠냐고 생각하면 긴장이 풀리면서 주위 사람의 의견이나 경험자의 조언을 구할 여유가 생길 것이다.

## 자신에게 상을 주어서 동기부여를 한다

왠지 모르게 의욕이 없다, 특별히 피곤하지도 않고 하기 싫은 일도 아닌데 왜 그럴까라는 생각이 들 때는 자신에게 상을 주면 의욕이 생긴다.

상을 무엇으로 할지는 사람마다 다르다. 술 한 잔이나 맛집, 평소에 원하던 물건 등 자신의 용돈으로 약간 기분이 좋아지는 정도면 된다. '이 일을 마치면 그걸 해야지'라는 생각이 일에 대한 동기부여를 해준다. 단지 무엇을 상으로 줄지 생각하는 것만으로도 마음이 즐겁다. 이렇게 강약을 주면 답보 상태였던 업무도 효율적으로 처리할 수 있다.

## 큰일은 분할하여 부담을 줄인다

시간과 품이 많이 드는 큰일은 시작하기 전부터 마음이 무거운 법이다. 그래서 그 일을 뒤로 미루고 편한 일부터 하다가 시간이 모자라 허둥거리기 십상이다.

그런 경우에는 일을 분할하면 쉽게 시작할 수 있다. 일의 전체상을 훑어보고 잘게 조각내자. 조각난 일은 비교적 짧은 시간에 끝낼 수 있다. 일단 해보자는 가벼운 마음으로 하나만 끝내보면 자신에게 버거운 일일 것이라는 부담감이 줄어든다.

나는 왜 항상 시간에 쫓길까

또한 일을 분할하는 과정에서 전체적인 준비 사항과 중요한 점이 무엇인지도 파악할 수 있다. 그 다음에는 하나하나 찬찬히 처리하기만 하면 된다. 세분화한 마지막 일을 끝내면, 모두 모아 전체적으로 다듬으면 된다.

## 큰 목표보다 작은 목표를 자주 세운다

'사장이 되고 싶다', '해외 지사를 세우고 싶다'와 같은 큰 목표는 매일 하는 일에 동기부여가 된다. 그러나 목표를 세운 것 자체에 만족하여 그 목표를 이루기 위한 노력을 게을리하고 있지는 않은가?

그렇다면 먼저 주 단위, 월 단위로 작은 목표를 자주 세우고 그 목표들이 가리키는 방향을 큰 목표로 삼아보자. 이때 작은 목표는 자신의 실력에 맞게 세워서 하나씩 달성해야 한다. 달성하지 못했다면 그 원인을 생각하고 개선하자. 그래도 계속 실패한다면 목표 전체를 검토하자.

작은 목표를 달성하다 보면 자신의 발전 여부와 큰 목표에 대한 진척도를 구체적으로 확인할 수 있어서 자신의 열정을 지키는 데 도움이 된다.

## 일을 '처리하는 일'과 '창조하는 일'로 분류한다

자신의 업무를 '처리하는 일'과 '창조하는 일', 이렇게 두 가지로 나누면 더욱 효율적으로 일할 수 있다. '처리하는 일'은 이메일이나 우편물 확인, 영수증이나 서류 정리 같은 작업이 중심인 일로 시간이 걸리긴 하지만 깊게 생각하지 않아도 된다. 반면 '창조하는 일'은 새로운 기획을 세우는 등 정신을 집중시켜 가치를 창출하는 일이다.

'처리하는 일'은 익숙해지면 신속하게 할 수 있으므로 자투리시간을 이용한다. 그리고 '창조하는 일'은 자신의 집중력이 최상인 시간을 할애해서 좋은 결과가 나도록 한다.

이 두 가지 일의 균형을 잘 잡으면 요령 있게 일을 진행할 수 있다.


## 타인이 아닌 과거의 자신과 비교하며 동기부여를 한다

내 동기는 또 영업 실적을 갱신했는데 나는 제자리걸음이다. 이런 상태가 지속되면 의욕이 없어지고 만사를 부정적으로 보며 모든 일이 버겁게 느껴진다.

이럴 때는 비교 대상을 타인이 아닌 과거의 자신으로 정하자. 신입사원이었을 때는 전화 응대도 제대로 하지 못해 선배에게 혼이 났는데 지금은 척척 할 수 있지 않은가. 작년에는 악전고투하며 헤맸던 새로운 프로그램을 지금은 자유자재로 조작할 수 있다.

타인과 나를 비교하는 데 정신이 팔리면 자신의 발전과 진전도가 눈에 들어오지 않아 본래 갖고 있는 실력을 발휘할 수 없다. 자신을 제대로 평가하여 일에 대한 의욕을 높이자.

## 작은 성공 경험으로 노력의 중요성을 재확인한다

열심히 노력해도 아무 결실을 맺지 못한다는 생각이 든다면 작은 성공 경험을 차곡차곡 쌓아서 다시 한 번 의욕을 고취시키자.

작은 성공 경험을 만들 때 주의할 점은 단기간에 쉽게 결과를 낼 수 있는 일에 도전해야 한다는 점이다. 예를 들어 '평소보다 일찍 출근하여 일을 시작한다', '회의에서 의견을 낸다' 정도면 충분하다.

이런 작은 노력의 성과를 맛볼 수 있는 경험을 반복하다 보면 노력하면 이루어진다는 믿음이 회복된다. 그 다음에는 도전할 목표의 난이도를 조금씩 높이자. 그러다 보면 큰 성공 경험을 할 수 있게 될 것이다.

## 주위에 휘둘리지 않고 나만의 승리 패턴을 실천한다

부서 이동으로 새로운 상사가 온다고 하는데 소문만 들어도 마음이 무겁다. 이렇게 자신감이 떨어진 상태에서는 만사에 소극적인 자세로 임할 수밖에 없다. 그러나 자신의 승리 패턴을 발견하면 그런 고민을 깨끗이 해결할 수 있다.

인간이라면 누구나 한 번쯤 성공을 경험한 적이 있다. 그 성공은 거창하지 않아도 된다. 남에게 감사의 말을 듣거나 새 친구를 사귀는 것도 성공 경험이다. 그때 당신이 다른 사람을 조금이라도 도와주었거나 그 사람과 진솔한 대화를 나누었다면 그것이 승리 패턴이다. 승리 패턴을 다른 말로 하면 무엇일까? 바로 장점이나 강점이다.

남과 비교하지 않고 자신의 승리 패턴이 무엇인지 파악하여 이를 지켜나가면 자신감을 갖고 일할 수 있다.


## '가능한가, 불가능한가'가 아니라 '할 것인가, 말 것인가'가 중요하다

결과를 생각하며 일하는 것도 중요하지만 거기에만 신경을 쓰면 아무것도 행동으로 옮길 수 없다.

모든 일은 일단 해보지 않으면 그 결과를 판단할 수 없다. 즉 중요한 것은 '가능한가, 불가능한가'가 아니라 '할 것인가,

나는 왜 항상 시간에 쫓길까

말 것인가'다.

일단은 해보는 것이 중요하다. 주저하며 멈춰 서 있으면 아까운 시간만 의미 없이 흘러갈 뿐이다.

근거 없는 불안에 사로잡혀 아무것도 못 할 바에는 근거 없는 자신감을 갖고 앞으로 나아가는 것이 비즈니스에 더 효과적이다.

# 하지 않는 것의 유용함

**'가장 효과적인 것' 외의 선택지는 버린다**

비즈니스를 할 때는 선택지가 너무 많아도 효율이 떨어진다. 무조건 '양'을 추구하면 불필요한 것들을 잔뜩 끌어안게 되어 결국 신속하게 행동할 수 없기 때문이다.

재빨리 실행하려면 '가장 효과적인 것' 외의 선택지는 버릴 각오를 해야 한다.

일의 원활한 진행을 위해 철저히 '질'에 초점을 맞추자. 그러면 자신의 지식과 기술을 집중적으로 투입하여 짧은 시간에 큰 성과를 낼 수 있다.

## 보류 결정도 즉시 한다

'한다', '안 한다'를 즉각적으로 판단하는 것은 비즈니스를 할 때 아주 중요한 일이다.

그러나 무엇을 선택해야 할지 잘 모를 경우, 즉시 결정을 보류하고 검토 목록에서 빼는 것도 그에 못지않게 중요하다.

가장 나쁜 것은 아무것도 선택하지 않는 것이다. 어떻게 해야 할지 정하지 못한 상태에서 일을 질질 끌면 마음만 급해져서 일에 악영향을 미칠 수도 있다. 즉, 정말로 중요한 것은 '한다', '안 한다'를 결정하는 것이 아니라 보류할 사항을 즉시 결정하는 것이다.


## 2차 회식은 가지 않는다

회식을 할 때마다 습관적으로 2차에 참석한다면 그 습관을 바로잡자. 2차에 가는 것이 정말로 즐겁다면 모르겠지만 2차는 모두 술에 취해서 알맹이 없는 대화, 즉 제대로 소통하지 못하는 경우가 많기 때문이다. 특히 평일에 하는 회식은 다음 날 숙취나 수면부족으로 이어져 일에 지장을 준다.

업무상 필요한 회식은 일종의 윤활유 역할을 하니 결코 나쁜 것은 아니다. 그래도 1차만 참석하고 2차는 빠지는 게 낫다.

1차에서 충분히 사람들과 어울리고 '2차는 어떻게 할까?'라는 이야기가 나오면 살짝 빠져나오자. 이때 다른 사람들이 몸을 사린다고 생각하지 않도록 '너무 많이 마셔서 취한 것 같아요', '집이 멀어서 좀 있으면 막차 시간이에요'라고 말해놓자. 그러면 반감을 사지 않을 것이다.

## 회식 진행자 역할을 졸업한다

송년회 진행자 등 본래의 업무가 아닌 일을 매년 도맡아 하고 있지는 않은가? 다른 사람들도 당신이 그 일을 맡는 게 당연하다고 생각하지만, 가뜩이나 바쁜 시기에 시간을 빼앗겨서 힘들고 이제는 그만하고 싶다면 어떻게 해야 할까?

원만하게 거절하려면 '사퇴'라는 방법을 쓰면 되지만 그보다 더 좋은 방법은 '졸업'이다. TV 프로의 보조 진행자가 바뀔 때 종종 쓰는 말이다.

진행자 역할은 신입사원이나 젊은 직원에게 어울리므로 '후배에게 양보하겠다'고 하면 사람들도 수긍해주리라.

다만 진행자라는 역할은 다른 사람들이 당신을 믿기에 맡겼음을 잊지 말자. 덤벙대거나 센스가 없는 사람이라고 생각했다면 다음 해에 다른 사람으로 바뀌었을 것이다.

왜 나만 계속했는지 모르겠다는 불만은 접어두고 좋은 마음으로 그 자리에서 물러나자.

## '혹시 모르니까'나 '일단은'이라고 말하지 않는다

한 번에 끝나는 일은 한 번에 끝내는 것이 업무를 신속하게 하기 위한 원칙이다. 그때 금기어가 '혹시 모르니까'다. 이 말을 사용하면 필요 없는 일을 늘릴 수 있기 때문에 평소에는 쓰지 않도록 주의하자.

또 '일단은'이라는 말도 버려야 한다. 투자 대비 효과를 생각하여 조금이라도 필요 없다 싶은 일은 절대로 하지 말아야 한다. 관례라는 이유로 생각 없이 따르지 말고 시간을 투자하여 얻는 효과를 제대로 생각하며 행동하자.

## '하고 싶은 일'을 너무 늘리지 않는다

발전 욕구를 갖고 항상 긍정적인 마음으로 일에 임하는 것은 중요하지만 '하고 싶은 일'을 계속 늘리다 보면 결국 아무것도 할 수 없게 된다.

되도록 많은 일을 하고 싶은 마음은 이해하지만 시간 제약을 생각하면 실제로 할 수 있는 일에는 한계가 있다.

때문에 선택지를 지나치게 늘려서 옴짝달싹 못하는 것보다 '하지 않는 일'을 정함으로써 실제로 할 수 있는 일을 늘리는 것이 현명하다.

## 이면지에는 인쇄하지 않는다

경비 절감 차원에서 흔히 권하는 방법 중 하나가 이면지를 사용하는 것이다. 물론 사내 문서는 이면지를 써도 별 지장이 없으므로 새 용지를 쓰는 것보다 낫다.

그러나 사실 이면지 사용은 생각보다 경비 절감이 되지 않는다. 오히려 경비와 시간 낭비가 되기도 한다.

이면지를 사용하면 복사기나 프린터 안에서 종이가 끼기 쉽다. 긴 종이를 낑낑거리며 겨우 빼내도 작은 종이 쪼가리가 기계에 남아 있으면 고장의 원인이 된다. 업자에게 수리를 요청하면 복사용지 값보다 훨씬 많은 비용이 발생할 뿐 아니라 그동안 복사기를 사용할 수 없게 된다.

그보다는 불필요한 복사는 아예 하지 않는다는 원칙을 철저히 지키고 이면지 인쇄도 하지 않아야 경비와 시간을 절감할 수 있다.

## 거절하기를 주저하지 않는다

회사의 일원으로 일하다 보면 다른 사람의 부탁을 거절하기가 쉽지 않다. 상사나 거래처는 물론이고 동료나 후배의 요청도 거절하기가 이만저만 어려운 것이 아니다.

그러나 상대방의 사정도 모르고 급하게 하는 부탁은 망설이지 말고 거절하자. 이때 가능하다면 기대에 부응하고 싶지만 어쩔 수 없다며 간결하고 정중하게 거절 의사를 전달하자. 그 당시에는 기분 나빠 할지 모르지만 시간이 지나면 이해해줄 것이다. 또 거절할 때는 되도록 빨리 의사 표시를 해야 한다. 승낙했다가 나중에 거절하는 것이 가장 나쁘다.

원만하게 거절할 수 있는 것은 직장인이 갖춰야 할 덕목 중 하나다. 거절할 줄 모르면 남에게 요청받은 일은 할 수 있지만 스스로는 아무것도 하지 못하는 사람이 되기 때문이다.


## 영업 전화는 말없이 끊는다

직장에서든 집에서든 구매를 권유하는 전화가 걸려오기 마련이다. 무슨 전화인지 모르고 받았을 때 끝없이 이어지는 세일즈 토크에 맞장구를 치며 들어줄 필요는 없다. 아무 말 없이 끊으면 된다.

그렇게 하기가 왠지 좀 미안하다면 '필요 없습니다'라고 말하고 수화기를 내려놓자. 상대가 무슨 말을 해도 신경 쓸 필요가 없다. 구매 의사가 없는 사람을 상대로 시간 낭비를 하기보다는 얼른 다른 사람에게 전화하는 것이 그 사람의 영업 실적을 올려주는 방법이다.

또 전화를 몇 통 걸었는지를 평가 기준으로 삼는 회사도 있다. 서로 시간을 잡아먹을 필요가 없다는 생각이 든다면 일찌감치 끊는 게 좋다.

### 생각해도 모르겠다면 다른 사람에게 묻는다

일하다가 모르는 점이 있으면 일단 스스로 생각하자. 그래도 모르겠다면 빨리 다른 사람에게 묻는 것이 상책이다.

회사에는 다양한 특기를 지닌 사람이 많다. 따라서 컴퓨터나 사무기기 조작 방법, 까다로운 상사를 대하는 법 등 해당 분야를 잘 아는 사람에게 물으면 문제를 깔끔하게 해결할 수 있는 경우가 종종 있다.

업무 양이 많을 때는 전임자나 비슷한 업무를 해 본 사람에게 물어보면 쓸데없이 시간을 허비하지 않을 수 있다. 더구나 그 사람에게 배우겠다는 의지를 보여주면 그 사람도 선뜻 당신을 도와줄 것이다.

꽤 많은 사람이 부하직원이나 후배에게 묻는 것을 창피해 한다. 이런 고정관념이 있는 사람은 일 처리도 늦고 능력도 키울 수 없다.

## 피트니스 클럽을 그만둔다

몸을 단련하기 위해 피트니스 클럽에 다니는 사람은 그것이 정말 자신에게 필요한지 잘 생각해보자. 그 시간이 즐거워서 재충전이 된다면 모를까 사실은 피트니스 클럽을 다니는 것이 부담스러운 경우도 있다.

바쁜 시간에 짬을 내어 피트니스 클럽까지 가서 옷을 갈아입고 운동을 한다. 땀투성이가 되었으니 샤워를 하고 다시 옷을 갈아입고 집에 돌아간다. 여름에는 집에 도착할 때쯤 다시 땀투성이가 된다. 이렇게 하면 적어도 3시간은 걸리지 않을까? 피트니스 클럽에 다니는 이유가 왠지 세련되어 보여서, 또는 이용료가 아까워서는 아닌가?

몸을 단련하는 방법은 피트니스 말고도 조깅을 하거나 버스를 타지 않고 걷는 등 다양한 방법이 있다. 이러한 방법을 쓰면 피트니스를 다닐 시간에 다른 더 많은 일을 할 수 있다.

## 일하는 기분으로 집에 들어가지 않는다

퇴근한 뒤에도 일하는 기분으로 집에 돌아가는 것은 금물이다. 특히 업무상 문제가 생겼거나 일이 제대로 진행되지 않으면 부정적인 감정에 사로잡히는데, 그 상태로 집에 가면 다음 날 아침에도 계속 그 일로 스트레스를 받으며 출근할 수 있다.

기분전환을 하고 싶다면 퇴근 뒤 곧장 집에 가지 않고 영화를 보거나 서점에 들러 잠시 책을 볼 것을 권한다. 분위기 있는 커피숍에 가도 좋다. 쾌적한 환경에서 직장에서 쌓인 부정적인 기분을 털어내는 것이다. 또 집에서 할 일이 없으면 쓸데없는 생각을 하기 마련이니 공부나 취미, 반려동물 보살피기 등 나름의 방법으로 시간을 보내자.


## IT 노이즈를 차단하여 집중력을 높인다

인터넷에 접속된 컴퓨터에는 스팸 메일을 비롯한 불필요한 메일, 인터넷 검색을 할 때 보이는 불필요한 정보 등 'IT 노이즈'가 항상 흘러들어온다. 이런 IT 노이즈는 집중력을 떨어뜨려 업무 효율을 저하시키므로 무조건 차단해야 한다.

이메일은 필터 기능을 이용하여 불필요한 메일을 자동으로 분류하도록 설정해놓자. 또한 불필요한 인터넷 정보를 완전히 차단하고 싶다면 인터넷이 안 되는 노트북으로 일하는 극단적인 방법도 있다.

## '제대로 했으면 더 잘할 수 있었다'를 면죄부로 삼지 않는다

일을 하다 보면 잘 풀리지 않거나 실패할 때도 있다. 그렇다고 그때마다 '제대로 했으면 더 잘할 수 있었다'고 생각하며 자신에게 면죄부를 줘서는 안 된다.

'제대로 하지 않았다'고 생각하면 자존심은 지킬 수 있을지 몰라도 그 자존심은 진짜가 아니다. 그런 식으로 어영부영 넘어가면 실력을 쌓기는커녕 시간만 허비하게 된다.

반면 최선을 다했지만 잘되지 않았다고 인정하면 당시에는 괴롭고 절망적인 기분이 들 것이다. 그러나 시간이 지나면 스스로 무엇이 부족했는지 분석하여 실패 원인을 규명하고 다시 도전하려는 투지가 솟아날 것이다.

제대로 했을 때 경험한 실패는 자신을 성장시키는 발판이 되어준다.

# 일의 군살을 제거하여
# 효율을 높인다

**누구나 할 수 있는 일은 남에게 맡긴다**

일이 너무 많아서 옴짝달싹할 수 없다, 나만 바쁜 것 같다면 일의 슬림화를 시도하자.

업무를 하나씩 살펴보고 '내가 아니라도 할 수 있는 일'이 있으면 다른 사람에게 맡기자. 어떤 일이 발생해서 중요한 부분은 자신이 처리했고 이제 단순 작업만 하면 된다고 하자. 그 일이 아무 문제없이 잘 돌아간다면 그때부터는 다른 사람에게 맡겨도 괜찮다. 과감하게 후배나 부하직원에게 맡겨서 아랫사람이 성장할 기회를 주자.

많은 일을 혼자 도맡아 하는 사람은 얼핏 다른 사람이 고마워할 것 같지만 혼자 일을 끌어안고 업무의 흐름을 끊는 곤

나는 왜 항상 시간에 쫓길까

란한 사람으로 인식되기도 한다. 때때로 자신의 업무 상태를 점검해보자.

## 처음 하는 일은 주변의 조언을 적극 받아들인다

업무의 질을 높이려면 상사나 후배의 조언을 적극적으로 활용하자. 특히 처음 하는 업무일 경우 혼자 해결하겠다고 끙끙거리는 것은 현명한 선택이라고 할 수 없다. 다른 사람의 조언을 바탕으로 선택과 집중을 하여 효율적으로 작업하는 것이 성과를 높이는 데 효과적이다.

하지만 모든 일을 조언대로만 하면 스스로 발전할 수 없다. 조언은 참고하되 새로운 가치를 창출하여 업무 성과를 올리도록 하자.

## '되도록 빨리'는 업무 효율을 떨어뜨린다

상사가 되도록 빨리 처리하라며 일을 맡긴 적은 없는가? 그때 하던 급한 일을 중단하고 상사가 시킨 일을 먼저 해서 보고했더니, 상사는 그 서류를 책상에 일주일 넘게 방치하는 것이 아닌가.

당연히 화가 날 일이지만 그 전에 왜 이런 상황이 벌어지게 되었는지 파악할 필요가 있다. 이런 일이 벌어진 이유는 '되도록 빨리'라는 애매한 말 때문이다. '되도록 빨리'라는 말을 들었다면 '네, 언제까지 하면 될까요?', '이 견적서 작성 건보다 먼저 할까요?'라고 분명하게 물어보자. 마감 일정을 확인하는 것이니 머뭇거릴 필요가 없다.

이렇게 '되도록 빨리'라는 말은 업무 효율을 떨어뜨린다. 동료나 후배에게 무엇인가를 부탁할 때는 쓰지 않도록 하자.

**다른 사람에게 인계할 작업이라는 점을 고려하며 일한다**

나 혼자 일해서 끝내는 게 아니라 다음 공정을 담당하는 사람에게 작업을 넘겨줘야 하는 일이 꽤 많다.

이럴 때는 일을 이어받을 사람을 고려하며 작업하면 전체적으로 일을 신속하게 끝낼 수 있다.

특히 중요한 것이 작업시간이다. 자신의 사정만 고려해 일정을 잡으면 그 일을 이어받는 상대방의 작업시간이 줄어드는 경우가 있다. 최악의 경우 납기를 맞추지 못할 수도 있다. 이런 사태를 방지하려면 항상 상대방의 사정을 염두에 두면서 일해야 한다.

## 일의 목적을 중간중간 확인한다

일의 목적을 잊은 채 작업하면 효율이 떨어질 뿐 아니라 예기치 못한 결과가 나타난다. 반면 일이 일단락될 때마다 무엇을 위한 일인지 습관적으로 목적을 확인하면 불필요한 생각이나 행동을 줄일 수 있다.

비즈니스에서 가장 좋은 성과를 내려면 확실한 목적의식을 가져야 한다는 점을 명심하자.

또한 능력을 키우기 위해 지식과 기술을 익힐 때도 그 지식과 기술을 사용하는 목적과 쓸 곳을 항상 의식해야 한다. 만약 지식과 기술이 목적과 부합하지 않는다면 그야말로 돼지 발에 진주 격이 된다는 것을 잊지 말자.


## 잘 알려지지 않은 전자계산기 사용법

전자계산기를 사용할 때 잘 알려지지 않은 편리한 기능을 활용하면 보다 신속하게 계산할 수 있다.

먼저 계산이 틀렸을 경우, 대부분 'AC'를 누르지만 그렇게 하면 모든 계산이 지워져서 처음부터 다시 해야 한다. 직전에 입력한 숫자만 지우려면 'C'를 활용하자.

어떤 계산기에는 자릿값을 하나씩 지울 수 있는 '▶' 버튼이 있다. 이것은 컴퓨터의 백스페이스와 같은 역할을 한다. 틀린 숫자를 하나씩 지울 수 있으므로 상황에 따라 잘 활용하자.

그 밖에도 입력한 숫자를 양수와 음수로 바꿀 수 있는 '+/-' 버튼이 있다. 또 '.8'이라고만 치면 '0.8'이라고 표시되는 기능도 있다.

## 우편물을 두 번 이상 보낼 사람에게는 주소 라벨을 사용한다

서류봉투에 발송처를 쓸 때는 주소나 회사명, 직함, 이름 등이 틀리지 않았는지 세심하게 확인해야 한다.

이때 우편물을 두 번 이상 발송할 사람은 주소 라벨을 만들어두자. 만들 때 다소 시간과 노력이 필요하지만 전체적으로 보면 그 편이 더 신속하다.

하지만 주소 라벨은 청구서나 견적서 등 정형화된 문서를 보낼 때만 이용하자. 감사나 사과의 편지를 보낼 때는 봉투에 손으로 직접 쓰는 것이 좋다.

## 엘리베이터에서는 층수보다 닫힘 버튼을 먼저 누른다

엘리베이터를 탔을 때 더 빨리 가고 싶다면 제일 먼저 닫힘 버튼을 누르자. 층수 버튼을 먼저 누르면 엘리베이터는 움직이지

나는 왜 항상 시간에 쫓길까

않지만 닫힘 버튼을 먼저 누르면 문이 닫히면서 엘리베이터가 움직이기 때문이다. 층수 버튼은 문이 닫히는 사이에 누르면 된다.

사실 이렇게 해서 절감되는 시간은 영점 몇 초에 불과할 것이다. 그러나 일상생활에서도 어떤 순서로 일을 진행하는 것이 가장 신속하고 좋은 결과를 내는지 염두에 두고 의사결정을 해야 한다. 그래야 결정적일 때 신속하고도 적확한 판단을 할 수 있기 때문이다. 꾸준한 연습이 실력을 쌓는 비결이다.

**약속에 관한 메일이나 방문처의 지도를 미리 출력한다**

거래처를 방문할 때는 그곳의 지도나 연락처를 기억하고 스마트폰으로도 확인할 수 있게 준비하여 좀 여유 있게 회사에서 출발하기 마련이다. 하지만 실제로 찾아가보면 중간에 여러 번 주소나 자신의 위치를 확인하다가 예상보다 시간이 걸려 빠듯하게 도착하는 경우가 많다.

그러므로 회사에서 출발할 때는 약속 일시와 지도, 담당자의 이름과 부서, 약속 장소의 층수, 연락처 등을 기재한 메일을 출력해서 그날 사용할 서류와 함께 갖고 가자.

출력까지 할 필요가 있냐고 생각할지도 모르지만 이렇게

하면 일일이 메일을 찾지 않아도 되고 언제든지 눈으로 확인하여 실수를 방지할 수 있다. 이러한 아날로그식 방법이 의외로 도움이 되는 법이다.

## 가게에 예약할 때는 정각을 피한다

고객과의 상담을 위해 저녁시간에 레스토랑을 예약했다고 하자. 그런데 막상 갔더니 사람이 많아 종업원에게 자리를 안내받을 때까지 한참 입구에서 기다려야 했다. 겨우 자리에 앉았지만 주문을 받으러 오는 것도 음식이 나오는 것도 늦어서 어렵게 잡은 고객과의 시간을 어색한 분위기에서 시작해야 했다. 그런 경험은 없는가?

기다리지 않고 가게에 곧장 들어가고 싶다면 6시나 7시 같은 정각을 피하고 15분 정도 조절하여 예약하는 것이 좋다. 정각으로 예약하는 손님이 많기 때문에 정각에는 대개 붐비기 마련이다. 점원들은 허둥대며 가게를 바삐 오가고 주방에는 주문이 밀려있으니 아무래도 대응이 늦어지기 쉽다.

불과 15분만 시간을 앞뒤로 옮겨도 가장 혼잡한 순간이 지나가서 가게 분위기가 한결 차분해진다. 또 '왜 어중간한 시간에 예약을 했는지' 고객에게 설명함으로써 자연스럽게 대화를 시작할 수도 있다.

**메모나 기록은 나중에 고쳐 쓰지 말고 한 번에 정리한다**

상담이나 전화 메모, 회의 의사록을 쓸 때, 나중에 깨끗하게 고쳐 쓸 생각으로 대충 갈겨쓰는 사람이 많다. 그러나 그 '나중에'가 좀처럼 생기지 않아 결국 그대로 둔 적은 없는가?

비즈니스 현장에서는 여유로운 시간이 아예 없다고 생각하는 편이 낫다. 또 나중에 고쳐 쓰겠다고 생각하면 그때 주의 깊게 내용을 듣지 않을 수도 있다. 사실 메모를 하고 그 내용을 고쳐 쓰는 것은 중복된 작업이며, 이것을 한 번에 정리하면 시간 낭비를 줄일 수 있다.

메모는 누가 봐도 한눈에 알 수 있도록, 의사록은 그대로 상사에게 제출할 수 있도록 하겠다는 마음으로 필기하자.

**비즈니스 복장을 패턴화한다**

누구나 한 번쯤은 출근하기 전에 그날 입을 옷을 고르느라 바쁜 시간을 허비한 경험이 있을 것이다.

매일 무슨 옷을 입어야 할지 고민이라면 비즈니스 복장을 패턴화하자.

회식이나 접대가 있는 날, 사무실에서 집중적으로 일하는 날, 프레젠테이션을 하는 날 등 각각의 비즈니스 내용에 가장 적합한 옷을 미리 생각해놓고 그 옷들을 번갈아 입는 것이 가장 효율적이다.

## 링클프리 셔츠로 다림질에서 해방된다

빳빳하게 잘 다려진 셔츠를 입으면 일할 의욕이 솟아나기 마련이다. 하지만 와이셔츠 다림질은 베테랑 주부도 힘들다고 한탄하는 고난이도 작업이다. 직접 다림질을 하자니 너무 힘들고 일일이 세탁소에 맡기자니 번거로울 뿐 아니라 세탁비가 만만치 않게 든다.

이런 고민에서 벗어나게 해주는 것이 링클프리 셔츠다.

예전의 링클프리 셔츠는 착용감이나 외관이 다소 떨어진다는 의견도 있었지만 요즘에는 질감이 좋고 순면인 옷이 늘어났다. 사이즈와 디자인도 다양하다. 게다가 세탁을 해도 건조시간이 짧아서 금방 입을 수 있다. 링클프리 셔츠를 입으면 매일 깔끔한 복장을 손쉽게 유지할 수 있다.

## ATM기는 25일이 아닌 24일에 이용한다

은행의 ATM기는 25일이 아니라 24일에 이용하자.

25일이 급여일인 회사가 많아서 그날은 평소보다 붐비기 때문이다. 딱 하루 앞당겨서 24일에 가면 줄을 서지 않고 쾌적하게 이용할 수 있다.

또 시간대에 따라 혼잡한 시간대와 비교적 한산한 시간대가 있다. ATM기의 경우 점심시간을 피하고 영화는 오후의 첫 상영시간을 피해서 보는 등 가장 바쁠 때를 약간 비껴서 행동하면 훨씬 쾌적하게 생활할 수 있다.


## 서서 일하면 업무 처리 능력이 상승한다

업무 처리 능력은 일부러 자신을 불편하게 하여 높일 수도 있다. 그중 하나가 서서 일하는 것이다.

실제로 의자에 앉아서 일하면 시간 가는 줄 모르고 생각에 빠지거나 미팅이 길어지는 일이 적지 않다. 그러나 일부러 서서 일하면 불편한 자세를 해소하기 위해 지절로 일 처리 속도를 높이게 된다.

미팅도 서서 하는 편이 신속하게 진행된다.

## 보폭을 10센티미터 넓혀서 걷는다

자신이 어떻게 걷는지 유심히 볼 기회는 별로 없을 것이다. 혹시 당신이 힘없이 터벅터벅 걷지는 않는지 친한 사람에게 물어보자. 만약 그렇다면 보폭을 10센티미터만 넓히자. 겉모습뿐 아니라 마음가짐도 달라질 것이다.

보폭을 넓히면 당연히 걷는 속도가 빨라져 목적지에 일찍 도착한다. 불안정한 느낌 없이 자연스럽게 바른 자세로 걸을 수 있으니 건강에도 좋고 남들에게 밝고 적극적인 인상을 줄 수 있다. 걷는 법은 내가 하는 모든 행동의 기본이다. 보폭을 넓혀서 걷는 속도와 의욕을 함께 높이자.

## 자신의 시급을 계산한다

"학생 시절에 아르바이트를 했을 때는 내 시급이 얼마인지 알았는데, 직장에 들어간 뒤부터는 잘 모르겠네. 세후 월급이나 연봉은 알지만"이라고 말하는 사람이 대부분이리라. 그렇다면 자신의 시급을 한 번 계산해보자.

대략적인 계산이지만 연봉이 300만 엔인 사람이 1년간 야근을 포함하여 2,500시간 근무했다고 가정하면 시간당 1,200엔에 일한 것이다. 연봉이 600만 엔이라면 시간당 2,400엔인 셈이다. 회사가 지불하는 사회보험료 등을 가산하면 더 많은 금액이 된다.

자신의 시간당 가치를 알면 얼마나 시간이 귀중한 요소인지 알 수 있을 것이다.

## 시간은 돈을 내서라도 산다

'시간이 좀 더 있다면 이것도 할 수 있고 저것도 할 수 있을 텐데'라고 생각하며 한숨을 쉬는 사람이 많다. 하지만 하루는 누구에게나 공평하게 24시간이므로 그 속에서 자신의 시간을 어떻게 마련하고 어떻게 사용하느냐가 중요하다. 그리고 시간은 돈으로 살 수도 있다.

이동할 때 목적지까지 지하철로 몇 번씩 환승해야 한다면 차라리 택시를 이용하는 것이 어떨까?

개인 생활에서도 세탁과 다림질에 들이는 시간이 아까우니까 세탁소에 맡긴다거나 요리를 하면 뒤처리도 해야 하므로 외식을 한다거나 등 다양한 선택지가 있다. 그 행위 하나로 얻는 시간은 짧지만 그 시간들을 합치면 꽤 길어진다.

다만 그 시간을 무의미하게 보낸다면 그저 돈을 허비한 것으로 끝난다는 점을 명심하자.

# 실수를 없애 새는 시간을 잡는다

**일상 업무는 체크리스트를 이용하여 실수를 방지한다**

항상 하는 일인데도 생각지 못한 실수를 하는 경우가 있다. 일상 업무를 할 때는 익숙한 나머지 실수를 간과하지 않도록 체크리스트를 만들어두면 좋다.

　　업무 흐름에 따라 점검 항목을 열거한 뒤 실제 업무를 처음부터 끝까지 해보고 빠지거나 잘못된 점이 없는지 확인한다. 이 체크리스트를 작성하는 것 자체에 업무를 점검한다는 의미가 있고 그러다 보면 불필요해서 그만두는 편이 나은 항목도 발견할 수 있다.

　　또 갑작스러운 외출로 사무실을 비울 때 이 체크리스트가 있으면 다른 사람에게 업무 대행을 부탁할 수 있다.

반복해서 하는 업무일수록 실수나 막힘없이 할 수 있도록 해두자.

## 실수나 문제를 낳는 모호한 말을 지양한다

정확함이 요구되는 비즈니스 업무에서 모호한 말은 실수나 문제를 유발한다. 특히 3대 모호한 말이라고 할 수 있는 주관적 표현, 그거(지시어), 완곡한 표현은 절대로 삼가야 한다.

먼저 '좀 많아', '좀 빨리'라는 주관적인 표현은 피하고 구체적인 숫자로 전달하자.

그리고 '이거', '그거' 등의 지시어는 여러 의미로 받아들일 수 있다. 번거롭더라도 구체적인 말로 표현해야 한다.

마지막으로 부드러운 인상을 주기 위해 완곡한 말로 의사 표시를 하면 오해가 생길 수 있으므로 용건은 구체적으로 말하자.

## 절대 잊으면 안 되는 일은 포스트잇에 적어서 휴대전화에 붙인다

현대사회에서 휴대전화는 수첩이나 지갑 이상의 필수품이다.

그러므로 절대 잊으면 안 되는 일이 있으면 포스트잇에 적어서 휴대전화에 붙여두자. 수첩이나 메모, 휴대전화의 일정

기능도 편리하지만 포스트잇은 절대로 잊을 일이 없으므로 훨씬 안심할 수 있다.

또 알람을 설정하여 정해진 시각에 휴대전화의 포스트잇 내용을 확인하도록 하면 더 확실하게 기억할 수 있다.

## 형광펜으로 서류 원본을 보존한다

비즈니스의 든든한 조력자 역할을 하는 많은 도구 중 형광펜도 있다. 형광펜은 보통 시험공부를 할 때 중요한 부분에 선을 긋는 용도로 쓰인다. 그런데 별로 알려지지 않은 사용법이 또 하나 있다.

서식이 정해져 있고 항상 사용하는 서류가 있을 경우, 그때마다 일일이 인쇄하지 않고 원본을 한 장 갖고 있다가 필요할 때 복사하는 편이 더 편리하다. 하지만 깜빡하고 원본에 필기를 하거나 사용하면 다시 원본을 만들어야 한다.

그러므로 원본에는 노란색 형광펜으로 '원본'이라고 써두자. 노란색 형광펜은 보통 농도로 복사를 해도 표시되지 않으므로 복사하거나 팩스를 보낼 때 깨끗한 상태로 상대방에게 전달할 수 있다. 복사본에 표시되지 않는다는 이 성질을 기억해두면 유용하게 써먹을 수 있을 것이다.

## 중간 경과보고가 업무의 완성도를 높인다

상대방이 상사이건 거래처이건 일의 중간 경과보고를 생략하면 안 된다. 순조롭게 진행되고 있고 완벽해 보이더라도 만전을 기해야 한다.

일의 첫 지시 자체가 애매해서 상대의 요구 사항을 명확하게 파악하지 못했을 수도 있다. 또 소통이 어긋나서 어느 한쪽의 의도가 잘 전달되지 않을 수도 있다.

그러나 보고를 하면 상대방의 확인을 받으며 일을 진행하게 되므로 문제가 발생해도 빠른 단계에서 수정하거나 대처할 수 있다. 보고는 시간과 수고를 들여야 해서 번거롭지만 일을 완성하는 최단경로가 되어준다.


## 우편물은 우체통까지 직접 들고 간다

외근할 때 겸사겸사 우편물을 우체통에 집어넣기 위해 가방에 넣고 회사를 나왔다. 그런데 그대로 잊어버리고 며칠째 갖고 다니고 말았다. 이런 실수를 한 적은 없는가? 그것이 급한 서류였다면 큰 문제가 생겼을지도 모른다.

이런 실수를 방지하는 방법은 아주 간단하다. 손으로 그 서류를 들고 우체통까지 가면 된다. 가방에 넣었기 때문에 잊어버린 것이므로 직접 갖고 가면 서류의 존재를 망각하려야 할 수가 없다. 비가 내리거나 봉투가 더럽혀질까 봐 걱정이라면 클리어파일에 넣어서 가져가면 된다.

다만 덮개가 딸린 파일이 아니면 떨어뜨릴 위험이 있다는 점에 주의하자.

## 마음에 걸리는 일은 전부 적어서 머릿속을 비운다

일에 치여서 여유가 없어졌을 때 하면 좋은 자기관리 방법이 있다. 머릿속을 비운다는 느낌으로 일과 사생활을 구분하지 않고 '마음에 걸리는 일'은 모조리 종이에 적는 것이다.

그리고 종이에 적은 내용을 '행동한다', '아직 행동하지 않는다'로 분류한다. 그런 다음 '행동한다'는 항목 중에서 바로 할 수 있는 것과 바로 할 수 없는 것을 재분류하고 가능한 것부터 실행에 옮긴다.

한편 '아직 행동하지 않는다'로 분류한 것은 자료로 보관할 것과 언젠가 할 것으로 재분류하고 불필요한 것은 쓰레기통에 버린다.

## 한 곳을 응시하여 집중력을 강화한다

집중력 강화는 그 방법만 알면 누구나 할 수 있다. 먼저 시선을 둘 곳을 정한다. 사람은 정보 수집의 80퍼센트를 시각에 의존하므로 시선이 고정되지 않으면 집중을 할 수가 없다. 한 곳을 응시하며 눈의 초점이 맞는 상태에서 행동하면 자연스럽게 집중력이 높아진다.

예를 들어 손에 점이 있다면 그 점을 20초 정도 쳐다보자. 또는 스티커에 점을 그려서 모니터 하단에 붙여놓고 그것을 쳐다보면 집중력이 오른 상태에서 일을 시작할 수 있다.

## 행동 양식을 의식화하여 집중력을 높인다

운동선수 중에는 경기 전에 반드시 같은 메뉴로 식사를 하거나 왼발부터 타자석에 들어가는 등 정해진 행동을 하는 사람이 많다. 이것은 단순히 징크스 때문이 아니다. 행동 양식을 의식화하여 마음을 가다듬고 집중력을 높이는 방법이다.

이 방법은 비즈니스에도 동일하게 적용할 수 있다. 일을 시작하기 전에 책상을 정리정돈하거나 일정을 확인하는 등 정해진 행동을 하면 업무 누락을 방지할 수 있으니 일석이조다. 자리에서 일어나 화장실에서 세수를 하거나 서류를 가지러 가는 것도 효과적이다.

의식화하는 것은 일상적이고 간단한 동작이 좋다. 일상적인 행위를 의식적으로 함으로써 일에 대한 의식을 새롭게 할 수 있기 때문이다.

## 벽에 부딪히면 자리에서 일어나 기분전환을 한다

일을 하다 보면 능률이 떨어지는 순간이 온다. 이럴 때는 미련하게 책상과 씨름하지 말고 자리에서 일어나 주위를 걸으며 기분전환을 하자.

산책은 기분전환을 하는 좋은 방법이다. 온몸을 사용하기 때문에 뇌가 다시 활성화되어 일의 리듬을 회복시킨다. 남들이 빈둥거린다고 생각할까 봐 걱정이 된다면 화장실에서 세수를 하거나 복사를 하러 가는 척하면 된다. 아주 사소한 동작이지만 침체된 기분을 끊어내는 효과가 있다.

그런데 장소를 이동하면 아예 쉬고 싶어질 수도 있다. 기분전환 시간은 10분이면 10분이라고 정해놓고 그 시간이 되면 자리로 돌아가자.

# 단시간에 성과를 내는 공부법

**공부를 시작할 때는 쉬운 입문서를 3권 읽는다**

어떤 공부를 시작할 때 처음부터 전문서적을 읽으면 도중에 포기하기 십상이다. 일단은 쉬운 입문서를 3권 읽는 것부터 시작하자.

왜 3권인가 하면 다양한 관점에서 원리원칙을 배울 수 있고 편향된 인식을 갖지 않게 하기 때문이다. 입문서에 실린 참고문헌을 보고 전문적 지식이 담긴 서적으로 단계를 올리면 효율적으로 공부할 수 있다.

**참고서와 공책은 1권만 사용한다**

'입문서는 다 읽었다. 자, 본격적으로 공부해보자!'라고 생각하는가? 그럴 때는 보통 의욕에 가득 차서 여러 종류의 참고서를 사 모으고 싶어진다. 그러다가 생각처럼 공부가 되지 않으면 다른 참고서를 사고 싶어진다. 그러나 잠깐 기다리자. 참고서는 1권으로 정하는 것이 공부를 잘하는 비결이다.

참고서가 여러 권이면 이 책을 읽었다가 저 책에 필기를 하는 식으로 보게 되어 지식과 정보가 한데 모이지 않는다. 그보다는 참고서 1권을 여러 번 읽는 편이 같은 정보를 반복적으로 보게 되어 쉽게 기억할 수 있고 '이건 외웠지만 여기는 기억이 안 나네'라고 명확하게 알 수 있다.

공책도 마찬가지로 여러 권을 사용하면 어디에 무슨 내용을 적었는지 헷갈려서 진도를 얼마나 나갔는지 알 수가 없다. 참고서나 공책을 많이 산 사람은 자신에게 맞는 것을 1권씩 고르고 나머지는 한구석에 꽂아두자.

## 하루 3분이라도 매일 공부한다

영어회화나 자격증 시험에 대비한 공부를 시작했지만 일상의 업무에 쫓겨서 도무지 시간이 나지 않는다. 주말에 몰아서 하루 종일 공부하면 되겠지라고 생각했다가 결국은 포기한 사람이 많지 않을까? 하지만 공부는 매일 계속해야 내 것이 될 수 있다. 하루만 하지 않아도 전날의 기억 중 상당수가 사라져 의욕을 잃기 십상이다.

공부를 계속하려면 첫 목표를 낮게 정해야 한다. 하루 3분이라도 좋으니 참고서를 펼치고 대충 훑어보기만 해도 전날의 복습이 된다. 아무리 바쁜 날에도 3분이라면 자투리시간을 이용하여 공부할 수 있을 것이다. 그리고 일단 참고서를 펼치면 5분, 10분, 이런 식으로 자연스럽게 계속 공부하게 된다.

## 시간 대비 효과가 큰 공부법은 낭독이다

짧은 시간에 큰 효과를 올릴 수 있는 공부법은 공부한 내용을 소리 내서 읽는 낭독이다. 낭독은 어린아이가 하는 방법 같고 하지 않은 지 벌써 수십 년이다, 왠지 창피하다고 생각할 수도 있겠지만 꼭 한 번 시도해보자.

외국어를 공부할 경우 참고서의 예문을 소리 내어 읽음으로써 문법, 발음, 의미 확인을 한 번에 할 수 있다. 자격증 시험 공부를 할 때도 문제와 해답을 소리 내어 읽으면 뇌와 입과 귀가 연동하여 훨씬 잘 기억할 수 있다. 문장의 의미를 생각하면서 분명하게 발음해보자.

일단 자신의 방에서 해보고 익숙해지면 집에서 틈틈이 해보자. 펜도 책상도 필요 없으므로 언제 어디서나 할 수 있다.

## 목욕을 하면서 아이디어를 생각하거나 공부한다

목욕시간은 어떤 일을 찬찬히 생각하거나 공부나 독서를 하는 데 가장 적합한 시간이다. 위인전을 읽어보면 목욕이나 식사, 산책을 하는 도중에 좋은 아이디어가 떠올랐다는 이가 적지 않다. 아무리 생각해도 떠오르지 않았던 것이 어느 순간 번뜩임과 함께 찾아오는 것이다.

이것은 비즈니스에서도 적용할 수 있다. 책상 앞에 앉아 아무리 생각해도 좋은 아이디어가 떠오르지 않을 때는 목욕을 하거나 가볍게 몸을 움직여보자. 심신의 긴장이 풀리면서 뇌가 활발하게 활동하여 발상의 전환이 이루어질 것이다.

또한 목욕하면서 공부나 독서를 하면 생각보다 훨씬 더 쉽게 내용을 이해할 수 있다. 스마트폰 방수 케이스를 비롯해 다양한 방수 물품이 판매되고 있으므로 한번 시도해보자.

## 외운 내용을 다른 사람에게 이야기해서 내 것으로 만든다

일을 하다 보면 사람의 이름이나 업무 매뉴얼 등 기억해야 할 것이 많다. 외우는 것 자체도 힘든 일이지만 학습한 내용은 남에게 이야기할 때 완전히 내 것이 된다.

어떤 것을 외울 때는 먼저 눈으로 보거나 귀로 들어서 학습한다. 이것이 지식과 정보의 입력Input 단계다. 한편 외운 내용을 다른 사람에게 이야기하는 것은 출력Output이다.

출력을 위해 뇌는 지식과 정보를 정리하고 반복한다. 이 과정이 기억을 강화한다. 게다가 남에게 이야기할 때는 입을 움직여서 소리를 내야 한다. 이것이 몸의 감각을 자극하므로 한층 더 쉽게 기억할 수 있다.

이 방법은 특히 어학 공부에 효과적이다. 동료나 가족의 협조를 받아 마음껏 이야기하자.

## 도중에 포기하지 않도록 공부 페이스를 조금씩 올린다

공부를 하다 보면 처음에 품었던 의욕이 사그라들 때가 있다. 좀 바빠지면 '평소에 열심히 했으니까 오늘 하루쯤은 넘어가도 괜찮겠지', '또 금방 시작할 수 있어'라고 게으름을 피우다가 결국 그 상태에서 중단하는 경우가 있는데 정말 안타까운 일이다. 이런 현상을 방지하려면 처음에 느린 페이스로 시작해서 조금씩 속도를 올리면 좋다.

예를 들어 처음에는 참고서를 하루에 3쪽만 읽는다. 그러다 이해 속도가 붙으면 하루에 5쪽, 7쪽, 이런 식으로 페이스를 올리는 것이다.

슬럼프에 빠졌을 때는 참고서의 첫 부분을 읽어보자. 그러면 공부를 막 시작했을 때는 어렵다고 생각했던 내용이 쉽게 느껴질 것이다. 이런 성취감이 의욕과 열정을 뒷받침한다.

## 잘하는 사람의 장점을 받아들인다

사람마다 각자 나름의 업무 방식이 있지만 때로는 다른 사람의 방식을 따라 해보는 것도 중요하다. 특히 업무를 준비하는 방식에 관해서는 잘하는 사람의 장점을 받아들이는 것이 가장 효과적이다.

일하다가 잘 되지 않는 부분이 있다면 잘하는 사람의 업무 방식과 비교하며 실제로 따라 해보자. 다른 회사 사람을 참고 대상으로 삼아도 되지만 동종업계에서 일하는 사람이 바람직하다.

## 지하철에서는 책이나 신문 등 입력 매체를 읽는다

대중교통을 이용할 때는 그 시간을 효율적으로 활용하여 간단한 업무를 하자. 특히 15분 이상 걸리는 이동시간에는 SNS 등을 확인하여 시간을 허비하지 않도록 하자.

이동시간이 길 때는 자신의 가치를 높일 수 있는 입력 행위를 하는 것이 원칙이다. 책이나 신문 등 찬찬히 보아야 새로운 점을 알 수 있는 매체를 읽고 업무 면에서 자신을 발전시킬 수 있는 계기를 찾아보자.

## 남의 의견에 휘둘려 생각이 정리되지 않을 때는 정보를 차단한다

일할 때 다른 사람의 의견을 경청하는 것은 무척 중요한 일이다. 다만 남의 의견에 지나치게 의존하면 그 의견에 휘둘려 자유롭게 생각할 수가 없다.

다양한 의견을 들었지만 생각이 정리되지 않는 안타까운 결과가 되지 않도록 최종적으로는 자신이 결정한다는 마음을 먹어야 한다.

그때 중요한 것이 정보를 차단하는 용기다. 신뢰할 수 있는 사람이나 서적 등 정보원을 몇 개로 좁히고 어느 정도 의견을 모았으면 자신의 가치관과 기준에 대조하여 찬성과 반대 등 결단을 내리자.

# 업무 전후의 자기관리법

**아침해로 체내시계를 조정한다**

충분히 수면을 취했는데도 아침에 멍한 사람은 단순히 잠을 잘 못 자서가 아니라 몸이 완전히 깨어있지 않기 때문이다.

그렇다면 아침에 눈을 뜨자마자 창문을 열고 아침해를 쬐자. 인간의 수면과 각성은 멜라토닌이라는 물질의 증감과 관련이 있기 때문에 햇볕을 받으면 멜라토닌이 감소하여 눈이 떠지고 어두워지면 멜라토닌이 증가하여 잠이 온다. 그러므로 아침해를 쬐어 체내시계를 조정하면 쉽게 잠이 깬다.

본래 인간은 해가 뜨면 일어나 활동하기 시작하고 해가 지면 휴식과 수면을 취하는 것이 자연스러운 존재다. 현대사회에서 이런 생활 양식을 지키며 살기는 어렵지만, 아침에 일어났을 때만이라도 그 상태에 근접하도록 노력하면 하루를 쾌적하게 시작할 수 있다.

## 아침식사로 몸과 머리를 전투태세로 만든다

1분이라도 더 자고 싶은 마음에 아침식사를 거르고 집을 나서는 사람이 많다. 그러나 아침을 거르면 건강에 좋지 않을 뿐 아니라 일의 능률을 저하시킨다.

인간의 에너지는 잠자는 사이에도 소비된다. 아침식사를 하면 고갈된 에너지가 보급되어 머리와 몸이 전투태세로 바뀐다. 반대로 아침식사를 하지 않으면 뇌에 영양이 전달되지 않아 몸에 힘이 없는 상태가 계속된다. 그렇게 능률이 떨어진 채로 그럭저럭 일하다가 점심시간이 되어 밥을 먹으면 이번에는 식곤증으로 졸음이 몰려온다. 또 공복시간이 길었기 때문에 몸이 지방을 축적하려 하여 비만이 되기 쉽다.

아침식사로 간단한 토스트나 시리얼도 좋다. 우유나 요구르트, 과일, 견과류 등과 함께 먹으면 균형 잡힌 영양을 섭취할 수 있고 맛도 좋으므로 꼭 챙겨 먹자.

## 통근시간을 업무 워밍업 시간으로 활용한다

지하철 등 대중교통으로 통근할 때 그 시간을 사용하는 방법에 따라 그날의 업무 성과가 결정된다. 예를 들어 신문이나 스마트폰으로 뉴스를 확인하거나 일의 의욕을 고취시키는 음악을 듣거나 일에 필요한 자료를 읽으면서 그날 할 일을 시뮬레이션하면 최상의 컨디션으로 일을 시작할 수 있다.

다만 출근시간을 업무를 워밍업하는 데 활용하고 싶다면 혼잡한 시간대는 피하는 것이 좋다. 러시아워가 되기 전인 이른 아침 시간대의 지하철은 한가한 편이므로 차분하게 업무 준비를 할 수 있다.

## 출장 시 비행기에서 휴식을 취해 힘을 보존한다

비행기를 타고 출장을 갈 때는 최대한 기내에서 일을 하지 말아야 한다. 출장의 본래 목적은 현지에서 일하는 것이다. 이것을 얼마나 성공적으로 실행할지가 가장 중요하다.

예를 들어 빡빡하게 잡힌 회의나 교섭을 해야 하는데 이동시간에 한 일 때문에 지쳐버리면 출장을 간 의미가 없다.

그러므로 이동할 때는 푹 쉬어서 힘을 비축하고 긴장을 푸는 것이 중요하다. 특히 해외 출장은 시차 때문에 컨디션이 무너지지 않도록 제대로 수면을 취해야 한다. 그렇게 만반의 준비를 마친 상태에서 업무에 임하자.

## 성공과 실패를 분석하여 다음 기회에 반영한다

일의 결과를 분석하여 개선점을 찾아내고 다음 업무에 반영하는 것은 아주 중요하다. 그러나 원인 분석은 실패한 경우에만 하는 것은 아니다.

왜 그 일이 성공했는지 이유를 알지 못한 채 흡족해하기만 하면 그 경험을 다음에 살릴 수 없기 때문이다. 성공의 경험을 한 번의 행운으로 끝내지 않고 그 성공을 재현하고 확장하기 위해서라도 원인을 철저하게 분석하자.

## 혼자 반성회를 하는 시간을 가진다

초등학교 때 반에서 '반성회'를 한 적은 없는가? 어릴 때는 시키니까 한 반성회였지만 지금 자신의 일에 대한 반성회를 해보면 의외로 재미있고 유익한 시간을 보낼 수 있다.

하루를 마칠 무렵이나 주말, 또는 큰일이 마무리되었을 때도 괜찮다. 잘된 점과 그 원인, 잘되지 않은 점과 그 원인을 생각하며 적어보자. 반성회시간이라고 의식하며 적으면 간과했던 점이 분명히 드러날 것이다.

잘된 점의 원인은 자신의 장점으로 삼고 키우고, 잘되지 않은 점의 원인은 반성하며 개선 방향을 찾자. 나 홀로 반성회는 어른이기에 할 수 있는 것이다. 가능하다면 새로운 일을 시작할 때 팀원이 모두 함께 해도 좋을 것이다.

## 스트레스를 발산하는 여러 가지 방법을 찾는다

스트레스를 하나도 쌓아두지 않는 것은 불가능할 수도 있지만 그렇다고 스트레스가 쌓인 상황에서 일하면 효율이 점점 떨어진다. 쌓여있는 스트레스는 그때그때 발산하는 것이 상책이다.

또한 자기 나름대로 스트레스를 발산하는 여러 가지 방법을 알고 있으면 좋다. 새로운 일을 생각할 여유가 없을 정도로 마음이 갑갑할 때 금방 실행할 수 있는 방법을 미리 마련해두자.

그러려면 일단 무엇을 하면 스트레스가 줄어드는지부터 찾아야 한다. 그리고 자신에게 가장 잘 맞는 방법을 파악하여 적절한 시점에 실행하자.

## 잠들기 전 3시간 동안 수면의 질을 높인다

좀처럼 쉽게 잠들지 못하거나 잠을 푹 자지 못해 한밤중에 눈을 뜨는 사람은 자기 전 3시간 동안의 행동을 바꾸어 양질의 수면을 취할 수 있다.

먼저 취침 3시간 전까지는 식사를 마치고, 1시간 전에는 목욕을 하고, 자기 직전에는 가벼운 스트레칭과 복식호흡을 한다. 이 규칙을 반드시 지킬 필요는 없고 심신이 긴장을 풀 수 있으면 된다.

반면 카페인이 들어있는 자극적인 음식을 섭취하거나, 일이나 공부를 하며 뇌를 사용하거나, 스마트폰이나 컴퓨터를 조작하거나, 자기 전에 술을 마시는 것은 삼가야 한다.

실내복을 입은 채로 잠자리에 드는 사람도 있지만 두꺼운 옷이나 후드티는 숙면에 방해가 되므로 잠옷으로 갈아입는 것이 좋다. 복장도 수면 모드로 전환하는 역할을 하기 때문이다.

푹 자고 나면 상쾌한 아침이 기다리고 있을 것이다.


## 충분한 수면으로 피로를 해소한다

매일 아침, 일어나긴 했지만 몸이 나른하고 찌뿌둥하다. 이런 사람은 만성 수면부족일 수도 있다.

성인의 평균 수면시간은 6~8시간이라고 한다. 물론 개인차는 있지만 수면이 6시간 이하인 날이 지속되면 낮에 계속 졸리고 날이 갈수록 집중력이 떨어진다. 그렇게 되면 업무 능률도 저하되어 결국 야근을 해야 하는 악순환에 빠지기 쉽다.

수면은 심신의 휴식이 될 뿐 아니라 기억을 재편성하거나 상처 입은 세포를 재생하는 데 깊은 관계가 있다. 특히 세포 재생에 중요한 역할을 하는 성장 호르몬은 밤 10시부터 오전 2시까지 분비되므로 이 시간에 잠들어 있으면 양질의 수면을 취할 수 있다.

# 금방 완성하고 금방 통과되는
## 기획서 작성법

**기획은 번뜩임이 아니라 아이디어의 조합으로 탄생한다**

기획에서 중요한 점은 무에서 유를 창조하는 것이 아니라 기존의 아이디어를 조합하여 한 단계 높은 생각을 만드는 것이다. 한순간의 번뜩임으로 새로운 것이 툭 튀어나오는 게 아니라는 말이다.

즉, 평소에 다양한 아이디어를 비축해두는 것이 중요하다. 또 다른 사람이 만든 기획서 중 뛰어난 것을 보았다면 그 윤곽을 기억해두자. 그 내용에 나름의 독창성을 가미해 활용하면 자연스럽게 새로운 기획이 탄생할 것이다.

## 늘 메모하여 아이디어를 비축한다

전화로 이야기한 내용이나 상사의 지시를 언제든지 바로 메모할 수 있도록 보통은 메모장과 필기구를 옆에 두기 마련이다. 그렇다면 메모 사용법을 한 단계 높여서 아이디어 창고를 만들어보자.

갑자기 아이디어가 떠올랐는데 그 아이디어를 즉시 실행할 수 없어서 그냥 두었다가 아예 잊어버린 적은 없는가? 또 아이디어라고 할 정도는 아니지만 궁금하거나 신경이 쓰여서 나중에 알아보고 싶은 내용이 생길 수도 있다.

평소에 항상 메모하는 습관을 들이면 잊어버리기 아까운 번뜩임을 나중에 한꺼번에 다시 볼 수 있다.


## 아이디어는 손으로 적는다

아이디어가 떠올라도 형태로 나타내지 않으면 그 생각은 없는 것이나 마찬가지다. 아이디어를 형태화할 경우, 기획서 등으로 작성하여 제삼자에게 보여주기 전 단계에는 손으로 적어보자.

아무리 좋은 아이디어도 처음에는 전체상이 분명하지 않거나 어디가 어떻게 뛰어난지 꼬집어 말하기 어려운 법이다. 그것을 정리하여 도식화하면 아이디어에 살을 입힐 수 있다.

컴퓨터를 이용해서 작성해도 되지 않느냐고 생각하겠지만, 손에 펜을 쥐고 글씨를 쓰면 뇌가 자극을 받아 더욱 활발하게 움직이게 된다.

이게 이렇고 저게 저렇다고 갈겨쓰거나 화살표로 종이를 빽빽이 채워가면 아이디어의 구체적인 모습이 드러날 것이다.

## 집 안의 '아이디어가 떠오르는 장소'에 메모장을 둔다

문득 떠오른 아이디어도 그냥 두면 금세 의식에서 멀어진다. 바쁜 일상을 보내다 보면 아이디어가 떠올랐다는 사실조차 잊힌다. 양복 주머니에는 메모장을 넣고 다닐 수도 있겠지만 편한 차림으로 있는 집 안에서는 그럴 수 없다. 그런데 사실은 긴장하지 않았을 때 아이디어가 더 쉽게 떠오른다.

그렇다면 집 안의 '아이디어가 떠오르는 장소'에 메모장을 놓아두자. 혼자만의 공간에서 잡념을 차단할 수 있어서인지 많은 사람이 화장실이나 욕실에서 아이디어를 떠올린다. 멋진 디자인의 메모장이나 방수성 필기도구를 놓아두면 갑자기 떠오른 아이디어를 곧바로 적을 수 있다.

## 쌓인 아이디어는 정기적으로 정리한다

열심히 메모장에 적은 아이디어도 바쁜 일상에 쫓겨 방치하면 아무 의미가 없다. 그러므로 아이디어를 정기적으로 확인하며 검토하자.

예를 들어, 매주 토요일 오후 또는 아이디어가 30개 모였을 때 등 기준을 정하여 때가 되면 그동안 쌓인 아이디어를 읽는 습관을 들이는 것이다. 아이디어의 개수가 너무 적어도 다시 읽을 때 재미가 없으니 어느 정도 쌓였을 때가 좋으리라. 왜 이런 생각이 떠올랐는지, 무엇이 생각의 촉에 걸려들었는지 고개를 갸웃하며 읽게 되지 않을까?

물론 그 아이디어들은 당장 일에 도움이 되진 않을 것이다. 그래도 자신이 관심 있는 분야를 알 수 있고, 어떤 방향으로 그 아이디어를 키워나가면 될지 파악하는 계기가 된다.

## 산책이 창조적인 아이디어를 낳는다

일하다가 도무지 생각이 나지 않을 때는 자리에서 일어나 산책을 하자. 산책에는 여러 가지 효과가 있다.

일단 걷는 것은 심신의 긴장을 풀어주고 뇌에 충분한 혈액과 산소를 공급해준다. 그러면 뇌가 활성화되어 집중력이 높아지고 새로운 아이디어가 생각난다. 또 신선한 공기를 마시며 오감이 자극되므로 뇌의 각성을 촉진한다.

산책할 때는 지치지 않을 정도로 약간 빨리 걷는 것이 요령이며, 10분만 해도 효과가 있다.

## 한 문장은 최대한 짧게, 40자 이내로 작성한다

'초등학교 때부터 작문이 정말 싫었다'는 사람도 비즈니스 문서는 작성할 수 있다. 아니, 오히려 그런 사람일수록 자신의 의도를 잘 전달하는 문장을 쓸 수 있을지도 모른다.

비즈니스 문장을 쓰는 비결은 간단하다. 한 문장을 최대한 짧게 쓰는 것이다. 한 문장은 40자 이내로, 하나의 메시지만 전달한다. 즉, 대충 보아도 누구나 이해할 수 있도록 간결하고 명료하게 써야 한다.

한 말을 또 하거나 여러 가지 내용을 한꺼번에 집어넣거나 현란한 수식어를 다는 것은 절대 금물이다. 또 상대방이 이미 알고 있는 말이라도 업계 특유의 용어나 약어는 피한다. 더 이상 줄일 수 없을 정도로 단순한 문장이 읽는 이가 이해하기 쉬운 뛰어난 문장이다.

## 줄바꿈으로 문장에 단락을 만든다

짧은 문장으로 썼는데도 눈에 잘 들어오지 않는다면, 몇 줄에 한 번 줄바꿈을 했는지 확인해보자. 소설의 경우 줄바꿈 없이 수십 줄이 이어지기도 하지만, 비즈니스 문장은 적절하게 줄바꿈을 하여 단락이라는 리듬을 주어야 쉽게 읽힌다.

단락은 여러 문장이 모여 이루어진다. 한 문장에 하나의 메시지라는 원칙에 이어 한 단락도 하나의 큰 메시지로 이루어져 있는지 의식하며 읽어보자. '이 문장에서 무엇을 말하고 싶은지' 염두에 두고 읽는 이의 입장에서 쓰면 어렵게 생각하지 않아도 좋은 비즈니스 문장이 완성된다. 평판 좋은 비즈니스 서적을 읽으면 좋은 교본이 될 것이다.

## 기획서를 작성할 때는 쓸 수 있는 항목부터 쓴다

기획서를 작성하느라 고민일 때는 먼저 쓸 수 있는 항목부터 쓰면 된다. 인간의 뇌는 공백을 보면 불안해져서 그 부분을 어떻게든 메우려고 하는 성질이 있기 때문이다.

기획서의 공백을 본 뇌는 그 부분을 메우기 위해 재빨리 회전하며 연달아 아이디어를 만들어낼 것이다.

이런 성질을 응용하여 기획서의 마지막, 즉 결론부터 쓰는 방법도 있다. 그 결론을 보고 떠오르는 부분을 차례대로 열거하고 마지막에 그 내용을 정리하면 완성이다.

## 비즈니스 문서는 '기승전결'보다 '기결승전'이 좋을 때도 있다

'기승전결'은 문장 구성의 기본이지만 비즈니스에서도 반드시 효과적인 문장 구성이라고 할 수는 없다. 비즈니스에서 가장 중시하는 것은 '결', 즉 결론이기 때문이다.

그러므로 '기결승전'을 활용하자. 먼저 '기'에서 문제를 제기하고 그 직후에 '결'로 해결책을 제시한다. 그런 다음 '승'의 부분에서 해결책의 이유를 열거하고 마지막으로 '전'에서 앞으로의 문제점을 짚으면 된다.

그 결과 문장의 핵심을 빨리 파악하여 전체 내용을 쉽게 이해할 수 있으므로 비즈니스 현장에서는 무척 효과적이다.

## 기획서는 A4용지 한 장에 정리한다

기획서는 읽는 이가 바쁘다는 것을 전제로 써야 한다. 상대방에게 읽을 마음이 들게 하지 않는 몇십 쪽이나 되는 기획서가 아니라 요점만 정리한 A4용지 한 장의 기획서를 만들자.

여기서는 기획 내용을 상대방이 이해할 수 있게 하는 것이 중요하다. 한 장이면 읽는 이도 부담 없이 읽을 수 있고 기획서를 만드는 시간도 단축할 수 있다.

여유시간을 기획서의 알맹이를 충실히 하는 데 쓰면 일석이조가 아닌 일석삼조가 된다.

## 두꺼운 기획서는 서머리를 준비한다

기획서는 한 장으로 정리하는 것이 기본이지만, 전하고자 하는 내용이 많아서 여러 장으로 늘어났을 경우에는 반드시 '서머리(요약본)'를 준비하자.

서머리는 요약, 개요라는 의미로 요점을 정리한 자료를 말한다. 두꺼운 기획서 다발을 보고 읽을 마음이 달아난 사람에게 기획서의 내용을 간결하고 신속하게 전달하는 중요한 역할을 한다.

서머리를 작성할 때는 이점, 예산, 일정을 확실히 명기하여 기획 내용을 알려야 한다.

## 기획서·프레젠테이션 문장에 불필요한 전문용어를 넣지 않는다

기획서나 프레젠테이션에는 되도록 알기 쉬운 문장을 사용하는 것이 철칙이다. 불필요한 전문용어를 넣는 것은 반드시 피하고 읽는 이가 이해할 수 있는 말로 표현해야 한다.

모르는 용어가 나오면 기획서를 읽다 마는 상사나 클라이언트가 있다는 것을 항상 염두에 두고 글을 쓰자.

또 모르는 사람이 거의 없으리라 생각되는 용어라도 간단히 해설을 곁들이면 더욱 알기 쉬운 문장이 된다.

## 과거의 성공 사례와 엮으면 새로운 아이디어가 쉽게 통과된다

모처럼 낸 아이디어도 기획회의에서 통과하지 않으면 실행할 방법이 없다. 프레젠테이션을 할 경우에는 과거에 '성공한 예'와 엮어서 발표하면 채택될 확률이 커진다.

회사 상층부는 신중해서 새로운 일을 시도할 때 실패하지 않을지 늘 불안해한다. 그러나 '2015년 리뉴얼로 매출액이 대폭 증대했듯이…'라는 식으로 성공한 예를 함께 제시하면 '그럼 한번 들어나 볼까'라는 자세로 바뀐다.

자사의 성공 사례가 가장 공감을 많이 얻을 수 있겠지만 동종업계의 타사나 전혀 다른 업계의 예도 괜찮다. 자신의 아이디어와의 공통점을 조금이라도 찾아서 잘 설득해보자.

## 담금질로 아이디어의 완성도를 높인다

좋은 아이디어가 생각나 기획서를 작성했다면, 당장 상사에게 보여주고 다음 달 기획회의에 올리고 싶겠지만 잠깐 기다리자. 단번에 완성한 일에는 오류나 부족한 부분이 있을 수도 있다.

아이디어는 일단 '담금질'할 시간을 갖고 나서 냉철한 눈으로 다시 보면 오류가 발견되거나 더 좋은 생각이 떠올라 완성도를 높일 수 있다. 뇌의 움직임이 전환되어 제삼자로서 판단하기 때문이리라.

마감이 있는 일이라면 기일이 닥쳤을 때 일을 시작하지 말고, 미리 일을 마무리하고 담금질한 뒤 제출하기 전에 검토하면 된다.

Chapter 03

# 의도한 대로 일이 되게 하는 인간관계법

## 회의의 낭비 요소를 제거한다

**전략적 자리 배치로 회의를 원활하게 진행한다**

회의를 할 때는 목적에 따라 적합한 자리가 다르다. 따라서 회의를 원활하게 진행하고 싶다면 자신이 앉을 자리를 전략적으로 생각하자.

먼저 회의의 주도권을 쥐고 싶을 때는 화이트보드에서 가까운 자리에 앉아야 한다.

또한 다른 참가자와의 위치관계에 따라서도 자리의 의미가 달라진다. 예를 들어 마주 앉은 사람과는 깊이 소통할 수 있지만 의견이 대립될 경우 맹공격을 당하기도 쉬우므로 주의해야 한다. 한편 옆자리에 앉으면 심리적으로 친근감이 솟아 공격을 받지 않거나 아군이 되어주기도 한다.

## 회의 시나리오를 생각하여 시간 배분을 한다

회의를 하는 목적을 제대로 달성하려면 미리 시나리오를 생각해두자. 예를 들어 회의시간이 2시간인 경우, 참가자의 반응을 가정하여 안건별로 시간을 배분하면 된다.

이때 안건만으로 모든 시간을 배분하지 말고 반드시 여유시간을 두어야 한다. 그리고 회의가 예정대로 진행되어 여유시간을 남기고 끝났다면 그대로 회의를 마무리하자. 회의는 짧을수록 좋기 때문이다.

또 의제는 긴급한 순서대로 정하자. 중요도 순으로 정하면 한참 논의하느라 시간이 부족해질 수 있으므로 주의한다.


## 회의 참가자는 의제의 해결책을 낼 수 있는 사람으로 정한다

유익한 회의를 하고 싶다면 참가자를 선택하는 과정이 중요하다. 상당수의 회의는 '직함이 있다', '저 사람을 부르니까 이 사람도 불러야 한다', '인원이 많아야 한다' 같은 이유로 사람을 택하는데 이것은 무의미한 일이다. 오히려 원활한 회의 진행에 방해가 되어 시간만 끌 가능성이 크다.

회의 참가자는 의제에 대한 지식이나 경험, 정보를 갖고 있어 해결책을 제시할 수 있는 사람만 뽑아야 한다.

그런데 그렇게 했는데도 반대 의견이 전혀 나오지 않고 논의도 활발하게 이루어지지 않았다면 예스맨만 모았다는 뜻이다. 의견을 제시할 의욕이 없거나 쓸데없이 겸손한 태도를 취해서일 수도 있다. 그럴 때는 참가자 선택이나 회의 진행에 문제가 없었는지 살펴보자.

## 제안을 할 때는 대안도 함께 준비한다

회의시간에 제안을 할 때는 그 자리에서 갑자기 말하지 않도록 하자. 먼저 상사에게 확인을 받아 방향성을 제대로 정립하고 그 내용에 깊이를 더한 뒤 제안하면 시간을 효율적으로 사용할 수 있다.

또 제안은 한 가지가 아니라 다른 대안도 함께 준비해서 제시하면 몇 번씩 생각하지 않아도 된다. 설령 제안을 다시 하라고 했을 때도 상사의 의견을 반영해가며 다시 한 번 생각하면 많은 시간을 들이지 않아도 수정할 수 있을 것이다.

## '흥미로운 아이디어라면 뭐든지 내라'는 회의는 하지 않는다

자유로운 발상으로 아이디어를 짜내는 자세는 중요하지만, 실은 '흥미로운 아이디어라면 뭐든지 좋다'는 회의에서 흥미로운 아이디어가 탄생하는 일은 거의 없다.

인간의 뇌는 제한과 위기에 부딪혔을 때 활성화되기 때문이다. 즉, 어느 정도의 제한과 틀을 제공하는 편이 새로운 아이디어를 양산하는 데 좋다.

그러므로 결과가 있는 회의를 하기 위해서는 공란의 프레임워크를 준비하는 것이 효과적이다. 그 공란을 메우도록 아이디어나 의견을 내면 단시간에 성과가 나는 회의를 할 수 있다.

## 회의는 10분 단위로 설정한다

정해야 할 사항이 있어서 회의를 열었지만 참가자들이 꿀 먹은 벙어리처럼 아무 말도 없더니 겨우 다 정해진 의제를 뒤집어 엎으려는 사람이 나타나 결국 아무것도 정하지 못하는 경우가 있다. 이런 시간 낭비를 방지하고 싶다면 회의 내용을 10분 단위로 설정하고 종료시간도 미리 정해두자.

10분은 너무 짧다는 의견이 있다면 참가자에게 안건에 대해 미리 생각해오라고 요청한다. 그리고 참가자 전원이 한 마디씩 발언을 한다, 이미 결정이 난 안건에 대해서는 다시 번복하지 않는다 등의 규칙을 정하여 시간을 강조하며 진행함으로써 내실 있는 회의를 하도록 하자.

## 명확한 목표를 명시한다

회의를 했지만 시간만 끌다가 아무것도 결정하지 못하는 일이 적지 않다. 이것은 무엇을 위한 회의인지 명확하지 않아서 되는대로 회의를 마무리하기 때문이다. 이런 회의는 몇 번을 다시 해도 마찬가지다.

회의하기 전에 '이 기획을 실행할지 말지', '경비 확인 방법을 어떻게 변경할 것인지'라는 식으로 명확한 목표를 참가자들에게 전달해야 한다. 목표는 되도록 구체적이어야 한다.

실은 이러한 기본적인 의제도 모르는 상태에서 회의에 참가하는 사람도 많기 때문이다. 진지한 토론이 되지 않고 시간 내에 목표를 이루지 못한 회의는 실패이자 시간 낭비일 뿐이다. 무의미하게 시간만 끌고 결론이 나지 않으면 차라리 참가자 전원에게 이 회의는 실패했음을 말하는 것이 낫다.

## 논점을 흐리는 애매한 발언을 삼간다

회의에 들어가면 안건과 관계없는 이야기를 끝없이 늘어놓거나 논점을 이해하지 못하여 엉뚱한 의견을 내는 사람이 종종 있다. 이런 발언은 회의 진행을 늦추는 요소이므로 자신은 그런 발언을 하지 않는지 항상 의식하며 이야기하자.

회의에 들어가기 전에 충분히 준비했다고 생각했는데 막상 회의를 해보니 안건에 대한 지식이나 정보가 부족하다는 사실을 깨달을 수도 있다. 또 자신이 의견을 내지 않는 편이 나은 상황에 놓이기도 한다.

자신의 발언이 회의에 기여하지 못한다고 깨달았을 때는 발언을 요청받아도 그렇게 하지 못하는 이유를 분명히 밝히고 삼가는 것이 좋다.

**회의 자료는 미리 배부하여 회의 전에 읽게 한다**

회의 진행자를 맡았다면 참가자들에게 미리 자료를 배부하여 읽어볼 수 있게 하자. 그렇게 하면 회의의 목적이나 논점이 참가자들의 머리에 각인되어 불필요한 시간이나 서론 없이도 본론으로 들어갈 수 있다.

다만 사전 자료의 양이 너무 많으면 참가자들이 읽지 못할 수도 있다. 단시간에 훑어볼 수 있게 A4용지 5장 이하의 분량으로 정리하고, 증빙 데이터가 있다면 첨부자료라는 형태로 제시하자.

자료의 내용은 공정함을 위해 안건의 이점과 단점 또는 그 근거를 나열한다. 사전에 여러 의견이 나온 상태라면 그 의견들도 함께 제시하자.

## 화이트보드는 회의의 생산성을 비약적으로 높인다

회의를 하면 시간이 지남에 따라 집중력이 점차 떨어진다. 이때 화이트보드를 활용하면 생산성을 극적으로 높일 수 있다.

화이트보드를 사용할 때의 핵심은 회의 리더가 직접 쓰는 것이다. 논의를 이끌고 화이트보드에 발언을 정리하여 참가자들의 의식을 집중시키자.

이때 참가자의 발언은 되도록 있는 그대로 기록해야 한다. 그렇게 하면 발언자는 자신이 회의에 참가하고 있다는 의식이 강해져서 발언의 내용이 명확해진다. 또 논점이 어긋난 부분을 확인할 때는 상이점을 그림으로 나타내면 일목요연하게 알 수 있다.

## 화이트보드는 좌우로 이분할하여 사용한다

회의실에서 화이트보드를 사용할 때는 가운데에 선을 긋고 좌우로 이분할하여 쓰면 효과적이다. 왼쪽에는 발언 내용을, 오른쪽에는 그림을 그리면 된다.

구체적으로 말하자면 먼저 왼쪽에는 참가자의 발언을 메

모하고 논의가 어느 정도 무르익으면 발언 내용을 그루핑한다. 그리고 오른쪽에는 왼쪽에서 그룹으로 분류된 발언 내용을 그림으로 그려 정리·분석·구조화한다.

그렇게 하면 무질서해 보였던 발언 내용들이 명확해지며 새로운 아이디어와 해결책을 발견하게 된다.

## 회의에 컴퓨터나 녹음기를 지참하지 않는다

회의 의사록을 되도록 빨리 완성하기 위해 회의실에 컴퓨터를 갖고 들어가거나 듣다가 놓친 부분을 적기 위해 녹음기를 갖고 들어가는 것은 그만두는 편이 좋다.

먼저 의사록은 동시 진행으로 상세한 기록을 적는 것보다는 나중에 되돌아보며 결론부터 쓰는 것이 더 정확하다. 게다가 모든 발언을 입력하려면 정작 자신의 의견을 말할 수가 없다.

또 회의가 끝난 뒤 녹음기를 들으면 회의와 비슷한 시간을 잡아먹으므로 시간 절감 효과가 없다. 의사록은 회의 종료 후 기억이 생생하게 남아 있는 30분 내에 작성하는 것이 가장 효과적이다.

## 화이트보드의 내용을 스마트폰으로 촬영한다

회의 의사록을 작성하려면 시간과 노력이 많이 들지만 스마트 폰을 이용하면 몇 초 만에 완성할 수 있다.

화이트보드의 공간이 모자라서 적은 내용을 지워야 할 경우에도 그때마다 화이트보드를 찍어두면 된다.

이 방법의 가장 큰 이점은 의사록을 따로 만들지 않아도 된다는 것이다. 또한 촬영한 사진 데이터를 이메일에 첨부하여 정보를 쉽게 공유할 수 있다는 점도 매력적이다.


## 회의에서 결정된 것은 당장 착수한다

회의의 목적은 '일의 성과를 올리기 위해 할 일을 정하는' 것이다. 즉, 회의에서 결정된 일은 당장 착수하는 것이 비즈니스의 원칙이다.

실제로 곧바로 실행에 옮김으로써 얻는 효과는 셀 수 없이 많다.

먼저, 신속하게 일에 착수하면 정확한 일정을 계산하며 행동할 수 있다. 또한 예기치 못한 문제가 발생해도 시간적·심리적으로 여유 있게 대처할 수 있다. 업무를 하는 도중에 주위 사람들에게 조언을 구할 여유도 생기므로 양질의 결과를 낼 수 있다.

## 화상 회의는 대면 회의보다 꼼꼼히 준비한다

먼 곳에 있는 사람과도 얼굴을 보며 이야기할 수 있는 화상 회의는 일을 신속하게 진행하는 데 효과적인 수단이다. 그러나 화상 회의는 대면 회의보다 더 꼼꼼히 준비해야 한다.

먼저 통신 상태를 확인하자. 그런 당연한 일을 왜 말하나 싶겠지만 회의 직전에 장소가 변경될 수도 있다. 예비 장소를 확보하여 그곳에서도 잘 되는지 확인해야 한다.

화면의 배경이 복잡하면 눈이 피로해지므로 하얀 벽이 있는 곳을 선택하면 좋다.

음성이 명료하지 못하면 대화 내용을 잘못 알아들을 수도 있다. 조용한 장소를 선택하고 헤드셋을 준비하여 상대방의 음성을 잘 들을 수 있도록 한다.

화상 회의를 하는 상대방이 해외에 있다면 시차뿐만 아니라 그곳이 서머타임을 시행하고 있는지, 종교상의 이유로 회의를 할 수 없는 시기나 시간은 없는지 미리 확인해야 한다.

## '번개 회의'로 신속하게 회의한다

회의는 모든 이가 일정을 맞추어 회의실에 모여서 하는 것이라는 생각은 고정관념에 지나지 않는다.

내용에 따라서는 대화가 필요하다고 생각한 그 순간 '번개 회의'를 하는 것이 더 효율적이다.

번개 회의는 일정을 따로 조정할 필요도 없고 앉아서 이야기하지도 않으므로 몇 분 만에 끝낼 수 있다.

번개 회의의 유일한 규칙은 장소나 시간을 따지지 않고 한다는 것이다. 시간을 단축할 수 있을 뿐 아니라 문제해결을 뒤로 미루지 않는 효과도 있다.

## '가짜 회의'는 하지 않는다

원래 회사에는 회의가 많은 법이다. 그러나 대부분의 회의는 굳이 필요도 없고 중요한 안건이 없는데도 습관적으로 모인다. 당연히 논의다운 논의도 없이 보고만 하다가 끝난다. 심지어 결론이 나지 않았다는 이유로 다음에 또 같은 사람들이 소집되기도 한다.

이런 '가짜 회의'는 모두에게 시간 낭비이며 지루하다 못해 짜증을 유발하여 오히려 조직 내의 인간관계를 악화시킬 수 있으므로 당장 중단해야 한다. 그만두는 방법은 간단하다. 이메일이나 전자 게시판에서 의견을 교환하거나 승인을 받아 일을 진행하도록 하면 된다.

## 혼자 결론을 내야 할 때는 일정한 시간 동안 '일인 회의'를 한다

혼자 아이디어를 내거나 결정해야 할 일이 있으면 아무리 시간이 흘러도 결론을 내지 못하고 한없이 고민하기 십상이다. 빨리 결론을 내고 싶다면 '일인 회의'를 하자.

일인 회의라고 그냥 시작하면 안 된다. 미리 안건과 목표를 명확히 하고 문제점과 선택지도 열거한 뒤 문서화하자. 그렇게 하면 머릿속이 정리된다. 그리고 2시간이면 2시간, 시간을 정하고 그동안은 다른 것을 생각하지 않고 안건에만 집중한다.

그렇게 해서 낸 결론이 현재 자신의 최선이다. 회의시간은 되도록 방해받지 않도록 설정하자.

# 상담 성공률을 높이는 비결

**약속 날짜를 먼저 제시한다**

약속 날짜를 정할 때 서로 양보만 하다가 시간을 허비하는 경우가 있다.

자신에게 유리한 일정을 짜서 시간에 휘둘리는 스트레스에서 조금이라도 벗어나고 싶다면 약속 날짜를 상대방보다 먼저 제시하자.

이때 상대방에게 결례가 되지 않도록 여러 날짜를 적어서 보여주자. 상대방도 바쁠 테니 최소 세 가지를 제시한다. 그러면 상대방도 쉽게 답변할 수 있으므로 몇 번씩 연락을 주고받지 않아도 수월하게 일정을 정할 수 있다.

## 영업의 밑작업에 80퍼센트를 할애한다

영업 활동 전에 상대방의 회사나 인물에 대해 알아두는 것은 기본 중의 기본이다.

뛰어난 영업사원은 밑작업에 80퍼센트의 시간을 할애한다고 한다. 초면에 원활하게 소통을 하는 데 성공하면 그 다음부터는 훨씬 영업하기 쉽기 때문이다.

요즘에는 회사 홈페이지는 물론 페이스북 등의 SNS를 통해 개인 정보를 얻을 수 있다. 그러면 상대방의 취미나 생활상을 알 수 있어 대화의 물꼬를 트기 쉽다. 바꿔 말하면 그렇게 하지 않으면 출발 지점부터 크게 뒤처지게 된다.

이렇게 밑작업을 해두면 단시간에 계약을 성사시킬 수도 있다.

## 출장지의 호텔은 체류시간을 기준으로 선택한다

출장지의 호텔을 정할 때 선택지가 너무 많다면, 그 호텔에 얼마나 오래 머무를지를 기준으로 선택하자.

밤늦게 체크인하고 다음 날 아침 일찍 체크아웃할 경우에는 잠만 자면 되므로 간소한 호텔이어도 충분하리라. 그러나 호텔에서 일을 하고 싶다면 책상이 넓고 인터넷 환경이 갖춰진 곳을 선택해야 한다. 편히 쉴 수 있는 시간이 있다면 사우나 시설이 있거나 조식이 맛있는 곳을 고르면 기분 좋게 지낼 수 있다.

최근에는 관광객의 증가로 호텔 예약이 예전보다 어려워졌다. 그러나 숙박 예약 사이트상에서는 만실이어도 그 호텔의 사이트에 들어가면 공실이 있는 경우도 있으므로 확인해보자.

## 전날 확인하여 문제가 생기지 않게 한다

전부터 약속한 중요한 상담을 하러 방문했는데 상대방이 그 약속을 잊고 아무 준비도 하지 않아서 아무것도 결정하지 못한 적은 없는가? 기운 빠지는 이런 일을 당하지 않으려면 전날 확인하는 습관을 들이자.

업무상 발생하는 문제 중 상당수는 전날 확인하면 피할 수 있는 일들이다. 거래처 상황을 일일이 전화로 확인하는 것은 실례가 아닐까 생각할 수도 있다. 그러나 메일이라면 안부를 묻는 겸사겸사 '내일 뵙겠습니다', '내일은 일전에 보내드린 기획서 건으로 찾아뵙겠습니다'라고 보내도 그리 부자연스럽지 않다. 사내 회의를 앞두고 있다면 참가자들에게 '내일 회의, 잘 부탁드립니다'라고 확인하면 목적의식을 갖고 모일 것이다.

나는 왜 항상 시간에 쫓길까

전날 확인하는 습관은 자신의 실수를 발견하는 데도 도움이 된다. 시간과 수고가 거의 들지 않으니 꼭 습관화하자.

## 거래처를 방문할 때는 일찍 나가서 마음의 준비를 한다

비즈니스를 할 때 지각은 절대 금물이다. 그래서 거래처를 방문할 때는 당연히 좀 일찍 나가게 된다. 그런데 최상의 상태로 상담을 진행하고 싶다면 좀 더 빨리 나가도록 하자.

거래처 앞에 도착하면 먼저 주위를 10분간 걸어보자. 그러면 마음이 안정되면서 여유가 생기고 뇌가 활성화한다. 걸으면서 주위의 거리나 가게를 관찰해놓았다가 상대방과 대화할 때 화젯거리로 삼는 것도 좋다. '이 근처에 공원이 있네요', '저 가게는 다음에 한번 가볼까 하는데 어떤가요?' 하는 식으로 이야기를 건네다 보면 원활하게 상담을 진행할 수 있다.

일찍 나가봤자 시간 낭비라고 생각할 일이 아니다. 오히려 시간을 효과적으로 쓸 수 있다.

## 시나리오를 생각하여 자료를 준비한 뒤 상담에 임한다

고객과 상담을 했더니 지나친 가격 할인을 요구하거나 고객을 접대하기 위해 찾아간 가게가 폐점되어 있는 등 비즈니스에는 예상하지 못한 일이 일어나기 마련이다.

이럴 때 허둥대지 않도록 '상대방이 이런 말을 하면 이렇게 대답하고 저런 말을 하면 저렇게 대답한다'는 식으로 머릿속에 시나리오를 만들어두자. 상사에게도 '고객이 이렇게 말하면 어떻게 할까요?'라고 미리 물어서 판단 기준을 파악한다. 그런 다음 예상외의 사태에도 대응할 수 있는 자료를 준비해두자. 그러면 필요할 때 곧바로 상대방에게 보여줄 수 있다.

이 정도로 준비를 해두면 상담을 처음부터 다시 해야 하는 일을 방지할 수 있다. 또한 더 예기치 않은 사태가 발생해도 침착하게 대응할 수 있다.

## 미팅이나 상담을 할 때는 먼저 최종 목적지를 정한다

미팅이나 상담을 할 때는 먼저 '최종 목적지'를 정하는 것이 중요하다. 쌍방이 사전에 목표를 공유하지 못한 상태에서 이야기하면 수긍할 수 있는 결론이 나지 않거나 문제가 해결되지 않은 채 끝날 수도 있기 때문인다. 이는 엄청난 시간 낭비다.

다시 말해 미팅이나 상담은 목표를 확인하는 사전 작업을 해야만 성공할 수 있다. 비즈니스는 상담 자리에 앉기 전부터 시작된다는 것을 명심하자.

## 명함에 있는 정보를 활용해 소통한다

초면인 사람과 명함을 교환할 때는 비즈니스 매너를 지키며 교환해야 한다. 그런데 실은 그 사람과 소통하는 계기를 만드는 것이 더욱 중요하다. 이때 명함에 있는 정보를 잘 활용하자.

예를 들어 낯선 직함이나 용어가 길게 나열된 부서명이 명함에 적혀 있다고 하자. 그러면 이것을 질문 재료로 삼으면 된다. 또 명함 디자인이 독특하다면 그 부분에 관심을 보이자. 그러면 상대방과의 심리적 거리를 좁힐 수 있다.

## '넘버원' 문구를 활용해 상대방에게 강한 인상을 남긴다

자기소개를 할 때 인상적인 문구를 하나만 넣어도 상대방에게 선명한 인상을 남겨서 비즈니스를 원활하게 진행할 수 있다. 다양한 문구가 있지만 가장 효과적인 것은 '넘버원'이다.

먼저 자신의 '넘버원'을 찾자. 혹여 그런 점을 찾지 못했다면 범위를 축소하여 자신이 만들면 된다.

예를 들어 전국 넘버원이라고 할 수 없다면 특정 지역의 넘버원도 괜찮다. 이 문구를 곁들여 자신이 어떤 일을 하는지 설명하면 상대방에게 좋은 인상을 남길 수 있다.

## 초면인 사람과는 사소한 실패담으로 가까워진다

일을 하려면 초면인 사람과도 말을 섞어야 한다. 더구나 짧은 시간에 좋은 인상을 주어야 한다. 하지만 걱정하지 않아도 된다. 상대방도 당신이 초면이기 때문에 마찬가지로 긴장하고 있으며 당신의 모습을 살펴보는 상태이니 말이다.

먼저 날씨와 같이 무난한 주제로 이야기를 시작하고 상대방이 긴장을 풀면 자신의 실패담을 말해주자. 지극히 사소한 실수, 예를 들어 더워서 가게에 들어갔는데 재킷을 놓고 나와서 황급히 가지러 갔다는 이야기 정도면 된다. 단, 결말은 가게 직원이 보관해주어서 찾을 수 있었다는 식으로 해피엔딩이어야한다.

이렇게 친근감을 느끼게 하면 상대방과 금방 가까워질 수있다.


## 키맨을 파악하여 유리한 위치에서 상담을 진행한다

아무리 완성도가 높은 일이어도 키맨Keyman의 반응이 좋지 않으면 성공할 수 없다. 그러므로 상담을 유리한 위치에서 진행하려면 먼저 키맨이 누구인지 파악해야 한다.

키맨이 누구인지는 대부분 거래처와 연락을 주고받는 과정에서 알게 되는데 그래도 모를 때는 담당자 외에 누구의 평가가 필요한지 직접 확인하자. 물론 일을 원활하게 진행하기 위해 일단 담당자와 양호한 관계를 만드는 것이 먼저다. 그 후 키맨과의 신뢰관계를 쌓고 일에 대한 언질을 줌으로써 좋은 결과를 끌어내면 된다.

## 번호를 적어서 논리적으로 프레젠테이션한다

즉흥적으로 떠오른 생각도 번호를 적어서 이야기하면 논리적으로 들린다. 여기서 핵심은 가장 먼저 몇 개의 이야기가 있는지 상대에게 전달하는 것이다. 그러면 듣는 이가 마음의 준비를 하고 찬찬히 이야기를 들어줄 수 있다. 번호가 너무 많으면 상대방의 기억에 남지 않으므로 3개 정도로 정리하는 것이 가장 좋다.

프레젠테이션을 할 때도 이야기할 내용에 번호를 붙여서 메모해두고 그 번호도 함께 발표하면 듣는 이가 쉽게 이해할 수 있다. 또한 발표하는 사람도 자신이 무엇을 이야기하고 있는지 정리해가며 논리적으로 이야기할 수 있다.

**프레젠테이션 첫 장과 마지막 장에 전달하고 싶은 내용을 넣는다**

상대방에게 효과적으로 메시지를 전달하는 프레젠테이션 슬라이드를 작성할 때는 원칙이 있다. 전하고 싶은 내용을 첫 장과 마지막 장에 두 번 넣는 것이다.

그러면 무엇을 말했는지 뚜렷하게 생각나지 않는 프레젠테이션이 되는 일을 방지하고 일관되고 간결하게 설명할 수 있다.

또 상대방이 원하는 정보는 슬라이드 전반부에 집어넣자. 상대방의 흥미를 끈 상태에서 프레젠테이션을 할 수 있다.

**자료에 그림이나 차트를 효과적으로 활용한다**

시간을 들여 열심히 설명했는데도 상대방이 무슨 내용인지 이해하지 못해서 그림을 그렸더니 바로 이해한 적은 없는가? 비즈니스에도 그림이나 차트를 활용하면 이해도를 높일 수 있다.

가장 간단한 방법이 화살표다. 일상생활에서 메모를 할 때 A니까 B다, A에서 B로 등을 'A→B'라고 쓰듯이 일을 할 때도 화살표를 쓰는 경우가 많다. 정반대나 모순을 표시할 때는 'A←→B'라고 쓰면 된다.

어떤 과정의 흐름을 나타내는 플로 차트, 비교할 때 편리한 매트릭스, 제품의 특징 등을 나타낸 포지셔닝 맵 등도 잘

나는 왜 항상 시간에 쫓길까

활용할 수 있도록 익히자. 컴퓨터로 바로 작업할 수도 있지만 일단 손으로 직접 그려보면 생각이 정리되어 쉽게 작업할 수 있다.

## 발언할 내용을 3~4개 메모한 뒤 이야기한다

많은 사람 앞에서 발언할 때는 물론이고 일대일로 어떤 일을 전달할 경우에도 간단한 메모를 하면 당황하지 않고 설명할 수 있다.

3~4개의 발언 포인트를 적어두기만 하면 충분하다. 차분한 마음으로 논리적으로 설명할 수 있을 뿐 아니라 할 말을 잊어버리는 일도 방지할 수 있다.

또 발언할 때 메모를 슬쩍 훔쳐볼 필요는 없다. 당당하게 손에 쥐고 내용을 확인하며 이야기하면 된다. 남 앞에서 말하는 것에 익숙해져도 메모를 확인하면서 발언하면 더 좋은 결과를 낼 수 있다.

## 여러 가지 선택안이 있을 때는 장단점을 기준으로 판단한다

많은 선택안 중 하나를 정하기란 결코 쉬운 일이 아니다. 그럴 때는 장점과 단점을 판단 기준으로 삼자.

먼저 각 안의 좋은 면과 나쁜 면을 쭉 적는다. 이때 중요한 것은 시간 축을 염두에 두고 장점과 단점을 생각하는 것이다.

가까운 미래를 예측하는 것에서 시작하여 3년 후, 5년 후, 10년 후, 각각의 안을 실행했을 때 앞으로 어떤 일이 일어날지 상상하면 자연히 정답을 찾게 될 것이다.

## 손목시계를 이용하여 예정시간 내에 상담을 마친다

상담이 길어져서 다음 일정에 영향을 미치는 경우가 종종 있다. 특히 중요한 비즈니스 이야기는 이미 끝났는데 상대방이 시간 가는 줄 모르고 잡담을 할 때는 짜증이 나기 마련이다. 그러나 아무리 초조해도 결코 얼굴에 드러내지 않도록 하자.

이럴 때는 손목시계를 풀어서 테이블에 올려놓자. 상대방의 눈을 보고 이야기를 들으며 자연스럽게 시계를 풀고 손목의 땀을 닦는 동작을 하면 실례가 되지 않는다. 눈치 빠른 사람이라면 시간이 꽤 지났다는 사실을 알아차릴 것이다.

상대방이 이야기에 열중하느라 전혀 끝낼 기미가 보이지 않아도 테이블에 시계가 있으므로 당신은 몇 시인지 언제든 확인할 수 있다. 마지막까지 차분하게 이야기를 듣다가 '좀 더 말씀을 듣고 싶지만 다음 일이 있어서요…'라고 전하면 된다.

## 홈그라운드로 삼을 만한 접대 장소를 5곳 마련한다

고객을 접대할 때는 보통 회사에서 정해주거나 상사가 소개해 준 곳을 이용한다. 하지만 그 외에도 자신의 홈그라운드로 삼을 만한 장소를 5곳은 확보해놓자.

고급스러운 가게일 필요는 없다. 상대방이 긴장을 풀고 편하게 있을 수 있으면 된다. 평소에 여러 가게를 이용해보고 마음에 드는 곳에 여러 번 찾아가자. 가게 직원과 얼굴을 터놓으면 접대할 상대를 데리고 갔을 때 서비스를 받을 수도 있다.

술집, 일식집, 이탈리안 레스토랑 등 분위기가 다른 가게를 알아두면 상대방의 취향에 맞출 수도 있고 싫증나지 않을 것이다.


## 미팅 종료시간이 다가오면 아쉬운 표정으로 자리를 뜬다

당신은 예정된 시간에 맞추어 미팅을 마치고 다음 일정을 준비하고 싶겠지만, 어떤 사람은 그런 당신의 태도를 '냉정하다'고 받아들이기도 한다.

그러므로 자리를 뜰 때는 반드시 아쉬운 표정으로 천천히 일어나자.

단, 이때는 반드시 그 미팅의 결론을 말해야 한다. 그리고 떠날 때 시간이 부족해서 죄송하다는 말로 마무리하면 상대방도 기분이 상하지 않을 것이다.

## 합의한 내용은 서면으로 공유한다

상대방과 합의한 내용은 그 자리에서 서면으로 공유해야 한다. 아무리 치밀한 논의 끝에 나온 합의 내용이라고 해도 뚜껑을 열어보면 인식의 차이가 있는 경우가 많기 때문이다.

말의 모호함을 피하기 위해서도 서면화하는 것이 필수며, 이때 서면을 소리 내어 읽어 제대로 확인하는 것도 필요하다.

또 사람의 기억은 시간이 흐름에 따라 자신에게 유리한 방향으로 왜곡된다. 자신도 상대방도 기억이 왜곡되지 않도록 구두 합의는 지양하고 명확한 말로 서면화하는 것이 최소한의 비즈니스 매너라고 해도 과언이 아닐 것이다.

## 거래처별 방문 이력을 작성한다

거래처에는 여러 번 방문하는 것이 보통이다. 방문한 날짜, 담당 부서와 담당자, 이야기 내용, 과제, 상대방의 반응과 요구 사항 등의 이력을 표로 작성해놓으면 다음에 방문할 때 활용할 수 있다.

나는 왜 항상 시간에 쫓길까

이때 특히 중요한 것이 과제와 상대방의 반응, 요구 사항이다. 이런 문제에 어떻게 대처할지 정한 다음 찾아가지 않으면 방문해서도 알맹이 없는 대화를 하게 된다. 또 이렇게 하면 거래처 담당자가 바뀌었을 때도 도움이 된다. 거래처별로 방문 이력을 작성하여 부서 전체가 볼 수 있게 하자. 그러면 급한 용건이 생겨도 충분히 대처할 수 있다.

## 상대방이 원하는 결론의 방향성을 명확히 파악한다

거래처와 미팅을 했는데 혼자서 결정할 수 없는 사안이 생길 때가 있다. 그러면 상사에게 보고하고 검토해야 하는데 이때 상대방이 원하는 결론의 방향성을 분명히 알고 있어야 한다.

가격이나 경비 등 숫자에 관한 것이라면 어느 선까지 양보할 수 있는지 선을 긋기 쉽지만, 판매전략 등 이미지를 중시하는 문제라면 원래 사안에서 빗나간 결론을 낼 가능성이 있다. 그러면 당신의 입장에서도 필요 없는 일을 추가로 하는 셈이고 상대방은 상대방대로 불만이 커진다.

그러므로 사내 검토를 하기 전에 상대방과 차분히 논의해서 방향성을 분명히 하자.

## 확인 전화는 미루지 말고 당장 한다

규모가 큰 납품을 했거나 신규 고객을 확보했을 때는 기뻐서 축배를 올리고 싶을 것이다. 그러나 지금 당장 해야 할 일은 축배가 아니라 확인 전화다.

전화나 이메일로 감사의 마음을 전하거나 직접 찾아가 현 상황을 물어보고 어떤 문제가 있다면 곧바로 대처해야 한다. 확인 전화는 빨리 할수록 상대방을 감동시키고 한 번이 아니라 정기적으로 해야 성의를 전달할 수 있다. 세심한 확인 전화가 다음 주문을 이끌어내는 경우가 많으며 신규 고객을 소개받을 가능성도 있다.

일이 잘 풀렸으니 좀 쉬어야겠다며 확인 전화를 미루다 보면 결국 안 하게 될 수도 있다. 아직 열기가 식지 않았을 때 꼭 실행하자.

# 효과적인 메일·전화 사용법

**메일 작성에 3분 이상 걸릴 때는 구두나 전화를 이용한다**

일반적으로 메일은 일을 효율적으로 처리하게 도와주지만 오히려 업무 효율화를 떨어뜨리기도 한다.

구두나 전화라면 금방 전달할 수 있는 용건인데 메일을 썼더니 10분 이상 걸렸다면 이점은커녕 단점밖에 없다.

기본적으로 메일 작성에 3분 이상 걸린다면 구두나 전화로 연락하자. 특히 미묘한 어감을 전달해야 하는 용건은 아무리 장문의 메일이어도 오해를 살 위험이 있고 여러 번 주고받아야 할 수도 있으므로 직접 이야기하는 편이 시간을 아낄 수 있다.

## 두 번 전화하지 않도록 이야기할 내용을 미리 메모한다

전화는 걸기 전부터 꼼꼼히 준비해야 한 번에 끝낼 수 있다.

특히 용건이 여러 개인 경우, 미리 할 말을 메모해놓고 이야기하면 용건을 확실하게 상대방에게 전달할 수 있다. 또 깜빡하고 말하지 않는 사태를 예방할 수도 있다.

또한 전화를 다시 걸지 않아도 되도록 전화하는 시간도 생각하자. 외근으로 바쁜 사람도 오전 중 이른 시간대와 퇴근시간 직전에는 비교적 연락하기 쉽다.

전화를 걸었지만 상대가 부재중일 때는 전화를 받은 사람에게 메모를 남겨달라고 분명하게 요청하자.

## 전화 메모를 할 때 필요한 세 가지

전화를 받을 때는 메모가 필수적이다. 특히 내가 아닌 다른 사람에게 걸려온 전화를 받아 그 내용을 확실하게 전달하려면 더욱 그렇다.

메모를 남길 때는 다음 세 가지에 유의하자.

첫째, 상대방의 이름과 회사명, 부서명을 반드시 적고 전화가 온 일시, 상대방의 전화번호를 확인한다. 둘째, 짧아도 되므로 전화 내용과 용건을 적는다. 마지막으로 메모를 받은 사람이 무엇을 하면 되는지 기재한다.

## 전화 영업은 1분을 기준으로 삼는다

예를 들어 상사에게 '잠깐 시간 괜찮으세요?'가 아니라 '2~3분 정도 괜찮으세요?'라고 말하면 부담 없이 이야기를 들어줄 것이다. 그러나 전화 영업을 할 경우에는 2~3분도 길다. '1분 정도 괜찮으세요?'라고 하면 상대가 이야기를 들어줄 확률이 훨씬 높아진다. 1분은 '2~3분'보다 짧고 '잠깐'보다 명확한 시간이므로 '1분이면 한번 들어나 볼까'라고 생각하기 때문이다.

이야기는 한 문장 한 문장을 짧게 하는 원칙을 지키면서 하자. 1분을 넘겨도 내용을 다 설명하지 못할 것 같으면 '좀 더 말씀드려도 될까요?'라고 물어보자. 그러면 말하는 사람의 성의를 느낄 수 있어서 대개 그대로 이야기를 들어준다.

## 영업 전화는 15초 내에 신뢰를 얻어야 한다

모르는 사람에게 전화 영업을 할 때 가장 피해야 할 것은 '말이 많은 사람'이라고 인식되는 것이다. 그러면 상대방은 서둘러 전화를 끊으려 하기 때문이다. 그러므로 첫 15초 동안 대화해도 될 사람이라는 느낌을 줘야 한다.

'겨우 15초에?'라고 생각하겠지만 시곗바늘을 보며 15초를 재보면 놀라울 정도로 길게 느껴질 것이다. 15초 내에 좋은 인상은 주는 것은 절대 불가능한 일이 아니다.

먼저 회사명과 업무 내용을 정확하게 말한 뒤 자신의 성과 이름을 모두 말한다. 그리고 자신의 업무가 상대방에게 어떤 도움이 되는지 구체적으로 설명한다. 이때 한 문장의 길이는 짧고 말끝을 흐리지 말아야 한다. '~해서요, ~하지만요'라는 식으로 말하면 실제보다 더 길게 느껴지므로 주의하자.

## 일 년 내내 사용할 수 있는 인사말을 활용한다

자주 사용하는 문서는 그 양식을 저장해두고 이름이나 필요한 부분만 바꿔서 계속 사용하는 사람이 많다. 이것을 더 효율적으로 사용하고 싶다면 인사말을 통일하면 된다.

문서 첫머리에는 4월이면 '봄이 한창인 4월입니다', 6월이면 '여름의 시작을 알리는 6월입니다' 등 계절에 따른 변화를 인사말로 넣기도 하는데 그 경우 매월 그 계절에 맞는 문구로 바꾸어야 한다. 그런데 계절이 바뀌었는데도 깜빡 잊고 문구를 고치지 않고 보내면 상대방은 엉뚱한 계절의 인사말이 쓰인 문서를 받게 된다. 눈치 빠른 사람이라면 템플릿을 돌려쓰고 있음을 알아차릴 것이다.

이런 실수를 하고 싶지 않지만 일일이 문구를 고치기도 귀찮다는 사람은 계절 인사말 대신 일 년 내내 쓸 수 있는 무난한 문구를 선택하자. 정기적으로 보내는 형식적인 문서의 경우, '귀사의 무한한 발전과 번영을 기원합니다'라는 식의 문구로 시작하면 충분히 예의를 갖춘 문서가 된다.

## 이메일에 '담당자 귀하'라고 쓰지 않는다

아직 거래를 트지 않은 회사에 메일을 보내려면 누구에게 발송하면 될까? 해당 부서명까지는 적었지만 그 뒤를 '담당자 귀하'로 기재할 경우 그 메일은 그대로 휴지통에 들어갈 가능성이 크다.

입장을 바꿔 생각해보자. 매일 수많은 메일이 오는데 누군지도 모르는 사람이 '담당자 귀하'로 보낸 메일에 관심을 가질까? 오히려 스팸 메일이라고 생각하고 내용을 확인하지 않은 채 삭제하지 않을까?

그러므로 거래가 없어서 누구에게 메일을 발송해야 할지 모를 때는 미리 전화를 걸어 '이러이러한 용건으로 메일을 보내고 싶으니 담당자의 성함을 알려달라'고 요청해야 한다. 이

일에 드는 시간과 품은 아주 약간이지만 그로써 당신이 보낸 메일이 읽힐 확률은 훨씬 커진다.

## 빠른 답변은 상대방의 행동을 촉구한다

거래처 담당자가 느긋한 성품이어서 업무가 신속하게 진행되지 않을 때가 있다. 좀 더 빨리 일을 진행해주면 좋겠지만 섣불리 재촉하기 어려울 때는 마음속으로만 고민하게 된다.

이처럼 일 처리가 느긋한 사람을 대할 때는 당신이 빠른 답변을 주는 방법을 쓰면 효과적이다. 인간에게는 상대방의 행동에 이끌려 무의식중에 똑같이 행동하는 '동조 심리'가 있으므로 이것을 이용하는 것이다.

예를 들어 거래처와 미팅을 했는데 상사에게 승인받아야 할 건이 생겼다고 하자. 다음에 만날 때 답변해도 충분하지만 일부러 그 자리에서 전화를 하여 상사의 승인을 받는 것이다. 또 상대방이 연락을 하면 즉시 답변한다. 그리고 '빨리 연락해주신 덕분에 저희가 편하게 일할 수 있네요'라고 치켜세운다. 그런 말을 듣고 기분 나빠하는 사람은 없으므로 일이 전보다 신속하게 진행될 것이다.

# 원만한 인간관계를 쌓는 방법

**커버레터 대신 작은 편지지를 사용한다**

업무상 서류를 보낼 때는 예의상 커버레터를 첨부한다. 그런데 커버레터 대신 작은 편지지를 사용하면 여러 가지 효과를 낼 수 있다.

작은 편지지를 사용함으로써 얻을 수 있는 최대 효과는 비즈니스 문서에 필수인 인사말을 생략하고 용건만 직접적으로 전할 수 있다는 것이다. 또한 손으로 직접 쓴 메시지를 보내면 정성이 깃들어 있다는 인상을 주기도 한다.

사실은 컴퓨터로 안내장을 작성하는 것보다 더 빨리 만들 수 있지만 발군의 효과를 내니 꼭 한번 해보자.

## 단시간에 내용을 전달하는 '엘리베이터 피치'를 익힌다

엘리베이터에서 예전부터 존경하던 사람을 우연히 만난다면 곧바로 자신이 하고 싶은 말을 전할 수 있을까? 가려던 층에 도달하기까지는 길어야 30초 정도가 걸린다. 이것을 가능하게 하는 화법이 엘리베이터 피치elevator pitch다.

엘리베이터 피치는 미국 실리콘밸리에서 생겨났다. 엘리베이터에서 투자자를 만난 기업가가 짧은 시간을 이용하여 자신의 계획을 전달한 것에서 비롯되었다고 한다. 30초라고 하면 250자 내외의 글자를 말할 수 있는 시간이다. 간결하고도 침착하게 말하지 않으면 기회를 놓치고 말 것이다.

이것은 엘리베이터 안에서만 적용되는 이야기가 아니다. 거래처나 소개팅에서 30초 동안 자기소개를 하여 자신의 매력을 드러낼 수 있도록 훈련하면 도움이 될 것이다.

## 상대방의 말을 따라 하는 방법으로 신뢰를 얻는다

남의 이야기를 잘 들어주는 사람은 맞장구를 잘 친다고 한다. 그러나 그보다 더 남의 이야기를 잘 들어준다고 생각하게 하는 것이 '따라 말하기'다.

어떤 사람이 "지난주에 홋카이도에 여행을 갔는데 예약한 호텔에서 말이죠…"라고 말했다고 하자. 그때 "네…, 네"라고 맞장구를 치는 사람과 "홋카이도요?", "호텔에서요?"라고 따라 말하는 사람을 비교하면 끝말을 따라 하는 사람이 그 이야기에 더 관심을 갖고 열심히 듣는 듯 보인다. 그러면 이야기하는 사람은 기분이 좋아져 상대방과 계속 대화하고 싶어질 것이다.

따라 말하기는 상대방이 한 단어를 반복하기만 하면 된다. 사람은 자신의 이야기를 열심히 들어주는 사람에게 호감을 갖고 신뢰하게 된다.

## 맞장구 방식을 바꿔서 이야기가 삼천포로 빠지지 않게 한다

맞장구는 대화를 원활하게 하는데 한편으로는 대화를 끊고 싶을 때도 도움이 된다.

거래처 담당자가 한 번 입을 열면 멈추지 않는 경향이 있어서 항상 그 사람이 말할 때마다 언제 끝날지 몰라 조바심이 난다고 하자. 그럴 경우에는 이야기의 내용에 따라 맞장구치는 방법을 바꾸자. 상담을 할 때는 열심히 고개를 끄덕이며 "그게 중요하군요", "저도 그렇게 생각합니다"라고 말을 끼워 넣으며 몸을 앞으로 내밀고 듣는다. 이야기가 핵심에서 벗어났다면 그 때는 맞장구치는 소리와 동작을 줄이고 횟수도 줄인다.

이 반응을 되풀이하면 당신의 관심이 어디에 있는지 상대가 알아차리므로 이야기가 삼천포로 빠지는 빈도가 줄어든다. 이렇게 하면 상대방의 기분을 상하게 하지 않고도 잡담을 줄일 수 있다.

## 인맥은 무의미하게 넓히지 않는다

사람이 평생 쓸 수 있는 시간과 에너지는 한정되어 있다. 그 시간을 소중한 사람과 오랫동안 깊게 사용하고 싶다면 무의미한 인맥을 넓히지 않도록 하자.

자신에게 필요한 인맥을 쌓기 위해 아무리 많은 파티에 참가한들 일류인 사람과 친분관계를 만들 수 있을까? 일류와 만날 수 있는 것은 일류인 사람뿐이다. 안이한 인맥 쌓기로 넓힐 수 있는 것은 안이한 인간관계밖에 없다.

자신보다 위인 사람과 인맥을 쌓는 것보다 일단 자신의 수준부터 올리는 것이 진정한 인맥을 쌓는 지름길임을 명심하자.

## 사무실 가운데 통로를 걸으며 소통할 기회를 늘린다

사무실에서 이동할 때 특별한 이유 없이 벽 쪽 통로를 이용하지 않는가? 그렇다면 사무실 중앙에 있는 통로를 이용해보자.

나는 왜 항상 시간에 쫓길까

할리우드 영화를 보면 주인공이 사무실 한가운데를 걸으며 동료들과 편하게 대화를 주고받는 장면이 종종 나온다. 이 장면을 따라 해보자. 중앙 통로를 걷기만 하는데 훨씬 많은 사람과 인사하게 될 것이다. 또 동료들의 책상이 눈에 들어와 그들의 일하는 모습이나 업무 내용, 의외의 면까지 알 수 있으므로 자연히 이야깃거리가 늘어난다.

가운데 통로를 걸으면 가슴이 탁 트일 뿐 아니라 업무에 힌트가 되는 것들이 눈에 들어올 것이다.

## 다양한 '마이 베스트 3'를 정한다

일할 때는 언제 어떤 사람과 대화를 하게 될지 알 수 없다. 우리는 대화를 매끄럽게 이어가기 위해 뉴스나 정보 프로그램을 통해 시사에 대한 이야기를 기억해두곤 하는데, 이보다는 다양한 분야의 '마이 베스트 3'를 정해두면 더 효과적이다.

예를 들어 중장년층은 영화를 좋아하는 사람이 많으므로 '좋아하는 영화 베스트 3'를 이야기하면 즐겁게 대화할 수 있다. 실제로 가보지 않은 곳도 괜찮으니 '여행지 베스트 3'도 정해두자. 자신이 언젠가 가고 싶은 곳도 충분히 화제로 삼을 수 있다.

베스트 3를 생각하다 보면 자신에게 생각보다 많은 지식과 경험이 있음을 알아차릴 것이다.

## '미안합니다'보다 '고맙습니다'라고 말한다

'미안합니다'는 참 편리한 말이다. 사과할 때도 감사의 뜻을 표할 때도 인사말 대신으로도 쓰인다. 어떤 때이건 '미안합니다'라고 하면 결례가 되지 않으니 무난히 그 자리를 넘길 수 있다.

그러나 감사의 마음을 전할 때는 '미안합니다'가 아니라 '고맙습니다'라고 하자. '미안합니다'는 원래 사죄할 때 쓰이는 말로 소극적인 느낌을 준다. 반면 '고맙습니다'는 긍정적이고 상대방에게 적극적으로 감사의 뜻을 전하므로 '미안합니다'보다 좋은 인상을 준다.

인간의 행동은 그 말에 강한 영향을 받으므로 평소에도 되도록 긍정적인 의미가 담긴 말을 쓰도록 하자.

## 불필요한 인간관계를 정리한다

친구가 많고 마당발인 사람을 부러워해야 할까? 사람 사귀는 것을 진심으로 좋아한다면 괜찮지만 혹시 불필요한 인간관계를 힘들게 유지하고 있는 것은 아닌지 생각해보자.

친구가 많다고 다 좋은 것은 아니므로 억지로 교제 범위를 넓히지 않아도 된다. 그중에는 자기 하고 싶은 말만 일방적으로 말하거나 항상 아쉬운 소리를 하는 등 타인의 시간을 뻔뻔하게 빼앗는 사람도 있기 마련이다.

그런 사람을 정리하면 놀라울 정도로 속이 시원해진다. 상대방이 만나자고 해도 바쁘다는 핑계로 완곡하게 계속 거절하면 서서히 멀어질 수 있다.

## 한 마디로 표현하는 습관을 들인다

다른 사람에게 말을 할 때 '저기…, 죄송한데요. 제가, 실은…' 이라고 하면 상대는 그 말을 듣고 있기가 싫어진다. 우물우물하며 본론을 말하지 않는 화법은 상대방의 시간을 빼앗는 것이다. 전하고 싶은 말을 '한 마디'로 표현하려고 노력하자.

물론 정말로 한 마디만 할 수는 없다. 일단 자신이 하고 싶은 말의 핵심 문구를 하나만 선별하자. 하나를 선택하려면 많은 말을 버려야 하는데 그 말들 중 상당수는 원래부터 불필요한 말이었음을 깨달을 것이다.

다음에는 핵심 문구를 중심으로 1분 정도로 말할 수 있는지 시험해본다. 그러면 대부분 1분 내에 말할 수 있다는 것을 깨닫게 된다. 이렇게 해서 간단명료하게 말하는 법을 습득하자.

## 권위를 이용하여 목표를 달성한다

남에게 지지받고 싶을 때는 어떤 이의 권위를 빌리는 것도 전략 중 하나다. 남의 권위를 빌리다니 얌체 같다고 생각할 수도 있다. 그러나 이것은 우리가 의식하지 못할 뿐이지 일반적으로 쓰이는 방법이다.

통계나 데이터를 보여주며 "이 수치가 나타내듯이"라고 말하거나 윗사람을 언급하며 "일전에 ○○ 부장님께서 말씀하셨듯이"라고 말한 적은 없는가? 이것이 바로 권위를 이용하는 것이며 특별히 얌체 같은 방법은 아니다.

특히 혼자 달성하기 힘든 목표가 있을 때 권위를 잘 이용하면 먼 길을 돌아가지 않고 도달할 수 있다.

## 상대의 이름을 넣어 대화하면 심리적 거리가 줄어든다

대화할 때 중간중간 상대방의 이름을 말하면 좋은 인상을 줄수 있다. "그렇군요"로 끝내지 않고 "그렇군요, ○○ 씨", "어떻게 생각하세요?"가 아니라 "○○ 씨는 어떻게 생각하세요?"라는 식이다.

사람은 누구나 자신의 이름에 애착이 있으므로 누군가 이름을 불러주면 뇌가 민감하게 반응한다. 그리고 개인적으로 특별대우를 받는 느낌이 들면서 그 사람에게 친근감을 갖게 된다.

비즈니스를 할 때는 많은 사람을 만나고 그 이름을 외우는 것이 기본이지만 처음 만났을 때부터 이름을 불러주면 그 사람의 이름을 쉽게 외울 수 있는 효과도 있다.

**상사의 신뢰를 얻으려면 '보고·연락·상담'보다 '상담·연락·보고'를 한다**

상사를 대할 때는 보고·연락·상담 순으로 일하는 것이 중요하다고 한다. 그러나 일을 신속하게 처리하고 싶다면 상담·연락·보고 순으로 일하는 것이 좋다.

먼저 상담을 하고 그 뒤 상사에게 연락하여 보고를 하는 것이다. 어떤 일에 착수할 때는 우선 상사와 의논을 하자. 그런 것도 모르냐고 핀잔을 들을까 걱정되는 사람은 '이렇게 진행해도 될까요?'라고 묻고 대략적인 흐름과 방향성을 확인한다. 그리고 상사가 일의 경과를 알 수 있게끔 자주 연락하고 완성이 될 무렵 보고를 한다.

이렇게 하면 상사와 자신의 인식이 어긋난 탓에 잘못된 방향으로 일을 처리할 염려가 없다. 또한 일일이 상사의 승인을 얻었기 때문에 독단적으로 판단했다가 처음부터 다시 하게 될 위험도 없다.

## 상사나 리더의 능력과 의욕을 파악한다

자신은 물론 팀 전체의 업무 효율을 올리려면 상사와 리더가 어떤 유형인지 정확하게 파악하고 적절하게 대처해야 한다. 이때 파악해야 할 점은 바로 '능력'과 '의욕'이다.

이 둘을 겸비한 상사와 리더는 최상급이라 할 수 있다. 능력은 있지만 의욕이 없는 유형일 때는 아랫사람이 적극적으로 상담하도록 노력하자.

능력도 의욕도 없는 유형은 요주의 등급이다. 그러나 가장 나쁜 것은 능력은 없는데 의욕만 있는 유형이다. 이런 상사와 리더로부터는 당장 떨어져 나갈 것을 고려해야 한다.

## '저 녀석은 쓸모없다'고 말하는 대신 사람을 쓰는 능력을 기른다

누군가를 평가할 때 '저 녀석은 쓸모없다'고 말하는 사람이 있다. 그 말은 사실 '나는 저 사람을 활용할 능력이 없다'고 고백하는 것이나 마찬가지다.

물론 잘 맞지 않는 사람이 있는 것은 사실이며 이해하기 힘

나는 왜 항상 시간에 쫓길까

든 말을 듣고 욱해서 상대방을 비난할 뻔한 경우도 있으리라.

그럴 때 중요한 것이 발상의 전환이다. '저 녀석은 쓸모없다'고 생각할 것이 아니라 '저 사람을 활용할 능력을 갖춰야겠다'고 생각하자. 자신의 능력을 키우는 긍정적인 발상을 하면 부정적인 감정을 통제할 수 있다.

## 상사와 리더는 부하직원에게 전권을 위임할 용기를 가진다

상사나 리더가 일일이 참견을 하면 오히려 팀 전체의 퍼포먼스가 떨어진다. 부하직원이 성장할 기회가 사라질 뿐 아니라 상사와 리더의 눈치를 보느라 스스로 행동에 제약을 가하게 된다.

이렇게 팀이 붕괴될 수도 있는 위험한 상황에 빠지지 않도록 상사와 리더는 부하직원에게 전권을 위임할 용기를 가져야 한다.

설령 본인이 하는 편이 빠르더라도 일단 맡기기로 했으면 묵묵히 지켜보면서 아랫사람을 키워주는 자세를 취하자.

## 부하직원의 메일에 반드시 답장한다

부하직원이 한 보고에 대해 확실하게 의사 표시를 하는 것은 상사가 해야 할 가장 기본적이고도 중요한 일이다.

이는 부하직원이 보낸 메일에도 적용된다. 판단을 요청하는 메일은 물론이고 단순한 보고 메일에도 반드시 답장을 해야 한다.

메일을 읽었다고 해도 답장이 없으면 보고라는 업무가 완전히 완료되었다고 할 수 없다. 상사의 '알았다'는 한마디가 적힌 답장을 받아야만 보고라는 업무가 완료되는 것이다. 불필요한 대기 시간을 만들지 않기 위해서라도 반드시 실천하자.


**'어떻게 할까요?'라는 질문에는 '어떻게 해야 할 것 같나?'라고 되묻는다**

상사가 부하직원에게 '어떻게 할까요?'라는 질문을 받을 때마다 전부 대답한다면 아무리 시간이 많아도 모자랄 것이다.

부하직원의 이런 질문을 받으면 반드시 '어떻게 해야 할 것 같나?'라고 되묻도록 하자.

이런 반응은 부하직원으로 하여금 자신이 다음에 어떻게 해야 할지 그 개선 방안을 생각하는 습관을 기르게 한다. 그러면 부하직원은 점차 '저는 이렇게 하고 싶은데 어떻게 생각하십니까?'라고 묻게 된다. 그 결과 상사는 업무 효율화와 부하직원 양성이라는 일석이조의 결과를 낼 수 있다.

　　　　　　　　　　　　　나는 왜 항상 시간에 쫓길까

## 부하직원에게 지시할 때는 이유를 댄다

부하직원의 의욕을 높이고 싶다면 지시하는 방법을 약간만 바꿔보자.

이때 핵심은 일의 목적, 중요도, 지명한 이유 등 세 가지 이유를 들어 지시하는 것이다.

예를 들어 데이터를 입력해달라고 요청한다고 하자. 먼저 '다음 주 회의에서 필요한 자료'라는 일의 목적을 전하고, 그 다음에 '대외비 정보가 들어있다'는 중요도, 마지막으로 '실수를 하지 않는 자네에게 부탁하고 싶네'라고 지명하는 이유를 전한다.

이렇게 세 가지 이유를 대면 지시받는 사람의 의욕이 고취되어 결과적으로 업무상 실수가 줄어든다.


## 지시하는 사람도 메모한다

상사에게 지시를 받을 때 직원은 당연히 메모를 할 것이다. 그런데 지시하는 쪽도 자신의 지시를 메모해둬야 한다.

자기가 한 말을 잊어버리고, 말이 자꾸 바뀌고, 한술 더 떠서 그런 말을 들으면 화를 내는 상사 밑에서 일하는 부하들은 열심히 하려는 의욕이 사라지기 마련이다.

그러나 상사도 메모를 하면 머릿속이 깔끔하게 정리되어 적확하게 지시할 수 있다. 자신의 말에 책임을 진다는 마음으로 부하직원의 일 진행 상황을 확인하거나 신경을 쓰게 된다. 그러면 부하직원도 어영부영 시간을 때우며 일할 수 없으니 자신도 열심히 해야겠다는 마음을 먹고 제대로 행동하게 된다.

## 일을 매뉴얼화하여 팀의 업무 효율을 높인다

갑자기 병이 나서 회사를 쉬어야 한다면 자신의 일은 어떻게 될까? 예전에 동료가 갑자기 회사를 쉬었을 때 모르는 점이 많아 이 사람 저 사람이 그 구멍을 메우려고 허덕이다가 결국 부서 전체의 업무가 늦어진 적이 있다. 그런 일을 방지하려면 일을 '매뉴얼화'해야 한다.

매뉴얼에는 담당자가 아니어도 그 일을 할 수 있도록 순서와 확인 사항을 정리해서 적어둔다. 신입사원도 이해할 수 있도록 각각의 작업이 어떤 의미를 갖는지도 적어두자.

팀의 구성원들이 매뉴얼을 보고 부족한 부분을 짚어보거나 항상 최신 버전으로 업데이트하자. 이렇게 하면 팀 전체의 업무 효율이 높아지고 문제가 발생해도 쉽게 대처할 수 있을 것이다.

## '3분이면 됩니다'로 상사의 시간을 확보한다

상사에게 할 이야기가 있으면 언제 말하면 될지 아무래도 신경이 쓰인다. 얼핏 보기에도 바쁜 것 같은데 귀찮아하면 어쩌나하는 마음에 '잠깐 시간 괜찮으세요?'라는 말로 시작하지는 않는가?

이 말을 '3분이면 됩니다'로 바꿔보자. 그러면 상사는 '3분이면 괜찮겠지' 하고 이야기를 들어줄 마음이 들 것이다. 3분이 아니라 1분도 괜찮다. 아무튼 구체적인 숫자를 말함으로써 시간을 오래 잡아먹히고 싶지 않다는 상사의 경계심을 풀어 시간을 확보하면 된다.

업무 보고 중 상당수는 짧은 시간에 끝낼 수 있고 만약 이야기가 길어져도 들어야 할 만한 내용이라면 그대로 계속 듣던가 시간을 따로 내서 찬찬히 들을 것이다.

## 실제보다 수치를 낮춰서 상대방의 기대치를 낮춘다

사람은 기대 이상의 결과를 보면 서프라이즈 효과로 인해 상대방을 좋게 평가하게 된다. 이런 심리를 이용하여 수치를 좀 낮춰서 상대방의 기대치를 낮춰두면 통상적인 성과를 내기만 해도 그 이상의 평가를 얻을 수 있다.

예를 들어 상사에게 '이 일은 언제까지 할 수 있어?'라는 질문을 받으면 하루에 끝낼 수 있는 것도 '이틀 정도 걸립니다'라고 대답한다. 그리고 일을 하루에 마무리하여 제출하면 상사에게 높은 평가를 받을 수 있다는 말이다.

미리 상대방의 기대치를 낮추면 일의 마감에 늦거나 납품 수량이 모자라는 일이 발생해도 범퍼 역할을 해주므로 대처할 시간을 벌 수 있다.

다만 항상 기대치를 낮추면 상대가 자신을 낮게 평가하게 되므로 꼭 필요할 때만 이 방법을 쓰도록 하자.


**보고나 짧은 프레젠테이션을 할 때는 중요한 점을 세 가지로 정리한다**

중요한 사항을 세 가지로 정리하면 상대방에게 쉽게 전달할 수 있다. 그 이유는 인간이 한 번에 머릿속에 담을 수 있는 사항이 최대 세 가지이기 때문이다.

그러므로 보고나 짧은 프레젠테이션을 할 때도 요점을 세 가지로 정리하여 이야기하자. 그렇게 하면 따로 메모를 준비하지 않아도 상대방의 기억에 정보를 주입할 수 있다.

물론 전해야 할 사항이 네 가지가 될 수도 있으리라. 그 경우 그중 하나 정도는 잊힐 가능성도 있음을 알아두자.

# Chapter 04

# 일의 효율을 높이는 정리법

# 더 이상 허둥대지 않는
## 서류·자료 정리법

**영수증은 분류 파일로 정리한다**

적지 않은 사람들이 영수증을 지갑에 쑤셔 넣고 경비 정산을 뒤로 미룬다. 그러나 이렇게 하면 분류하는 수고가 늘어날 뿐 아니라 영수증이 분실되어 정산을 하지 못하는 비극이 일어날 수도 있다.

그러므로 나는 분류 파일을 이용하여 관리할 것을 권한다. 1개월이 31일로 나뉜 파일에 그날 생긴 영수증을 넣기만 하면 된다. 매일 빼먹지 않고 파일에 넣으면 경비를 정산할 때 빠르고 효율적으로 처리할 수 있다.

## 한 번 읽은 서류는 바로 치운다

한 번 읽은 서류는 책상에 두지 않고 바로 치워야 한다. 책상이 엉망진창이면 업무 효율이 떨어질 뿐 아니라 같은 서류를 다시 읽어서 시간을 허비할 수도 있기 때문이다.

정리하는 것을 자꾸 잊어버리는 사람은 일단 정리에 관한 규칙을 정해두자. 예를 들어 혼자 사용하는 서류는 서랍에, 부서에서 사용하는 서류는 서고에, 불필요한 서류는 쓰레기통에 넣는 식이다. 서류의 특성에 따라 정리할 곳을 정하여 다 읽고 나면 곧바로 치우는 습관을 들이자.


## 자료를 받으면 곧바로 날짜를 적는다

자료는 필요할 때 어디 있는지 몰라서 여기저기 찾지 않도록 시간 순으로 분류하면 좋다.

자료를 꼼꼼히 읽은 뒤 내용에 따라 분류하려면 시간이 걸리므로 자료를 받았을 때 곧바로 날짜를 적어서 기계적으로 분류하자.

날짜를 적은 자료는 같은 날에 받은 다른 자료와 함께 클리어파일 등에 넣어서 관리한다. 또 이 클리어파일에도 날짜를 적은 포스트잇을 붙여서 날짜별로 관리하면 언제 읽은 자료인지 금방 알 수 있다.

## 비즈니스 문서는 띄엄띄엄 읽는다

사내에는 매일 많은 문서가 돌아다니는데 배포된 문서를 모두 처음부터 끝까지 읽으려면 엄청난 시간이 든다. 그러므로 필요한 부분만 띄엄띄엄 읽는 요령을 갖추자.

먼저 자신의 업무에 필요한 문서는 정독하여 내용을 파악하고 업무에 반영해야 한다. 전 직원용으로 배포된 문서는 중요하다고 생각하는 부분만 띄엄띄엄 읽는 것만으로도 충분하다.

나아가 특히 필요하지 않은 문서, 시간이 있을 때 훑어보면 될 것 같은 문서도 있다. 이런 것은 제목만 보자.

처음에는 이렇게 구별하기가 어려울 수도 있지만 점차 익숙해지면 순식간에 판별할 수 있다.

## 서류는 한 번에 처리한다

일을 하다 보면 온갖 서류가 잇달아 들어올 때가 있다. 나중에 쭉 읽어봐야겠다고 생각하고 있는데 또 다른 서류가 들어오고 어느새 책상이 서류로 넘쳐난다. 이 사태를 해결하려면 서류는 한 번에 처리해야 한다.

다시 읽어야 하거나 찬찬히 생각해야 하는 서류는 사실 별로 많지 않다. 내용을 확인했으면 곧바로 답신을 작성하거나 다음 사람에게 돌리자. 필요하다면 상사의 결재를 요청하거나 파기한다. 그리고 다음 서류에 손을 댄다.

'한 번에 처리한다'라고 정해두면 산더미 같은 서류에서 해방되어 널찍한 책상에서 본래 업무에 집중할 수 있다.

## 서류를 주제별로 분류할 때는 범위를 최대한 넓게 잡는다

서류를 정리할 때는 주제별로 나누는 것이 기본이다. 그러나 주제를 너무 세분화하면 나중에 애를 먹을 수도 있다.

세분화하는 편이 서류를 찾을 때 편리할 것 같지만 실은 정반대다. 예를 들어 신제품 광고에 관한 회의가 열릴 때, 관련 서류가 상품, 광고, 회의, 영업부, 광고부 중 어디에 있는지 바로 생각날까? 또 지나치게 세분화하면 다음 주제, 또 다음 주제, 이런 식으로 분류해야 할 항목이 점점 늘어난다.

일단 사내, 사외, 기타 정도로 큼지막하게 주제를 나누고 필요하다면 거기서 좀 더 세분화하면 된다.

## 중요한 서류는 복사본을 만든 뒤 보낸다

우리나라의 우편이나 택배 시스템은 세계 최고 수준이며 정확한 편이다. 그래도 중요한 서류를 보낼 때는 보통우편이 아닌 등기로 보내고 분실될 경우를 생각하여 복사본을 만들어두자.

이 세상일은 어떻게 될지 알 수 없는 법이다. 만약 우송 중에 분실된다면 그 서류의 손실이 어느 정도의 금액이 될지 계산하기도 힘들고 손해배상 청구를 해도 얼마나 인정될지 알 수 없다. 더구나 손해배상을 청구하기 위한 절차가 복잡해서 시간과 노력이 많이 든다.

요즘은 복사기나 스캐너와 같이 편리한 기기가 있어 복사본을 만드는 것이 아주 간단하니, 귀찮다고 건너뛰었다가 나중에 후회하지 말자.

## 종이 크기를 A4로 통일하면 정리하기 쉽다

페이퍼리스화를 추구하며 종이 사용을 자제해도 사무실에는 여전히 많은 서류가 자리를 차지하고 있다. 이것을 정리하려면 종이 크기를 A4로 통일하는 것이 좋다.

서류는 A4 크기가 많지만 B4, A3처럼 큰 서류나 엽서 등 작은 것도 있다. A4보다 큰 서류는 정리하기도 힘들고 접어놓으면 읽을 때 일일이 펼쳐봐야 한다. 작은 것은 어디론가 없어지는 일이 많다.

그러므로 복사기의 축소·확대 기능을 이용하여 모든 서류를 A4 크기로 만들자. 그렇게 하면 파일링하기도 쉽고 바인더나 상자도 같은 크기로 통일할 수 있으므로 공간을 효율적으로 사용할 수 있다.

## 클리어파일로 검색 속도를 높인다

대량의 서류를 정리하고 분류하는 데 편리한 클리어파일이지만 서류를 그대로 넣기만 하는 것은 의미가 없다. 필요한 서류를 찾는 시간을 단축할 수 있는 몇 가지 요령만 갖추면 클리어파일은 정말 편리한 도구로 변모한다.

예를 들어 서류 내용별로 파일 색깔을 달리 한다거나 제목 라벨을 붙이면 검색 속도를 높일 수 있다. 제목 라벨은 업무 내용에 맞추어 간결하고 구체적으로 쓰자.

또한 포스트잇을 활용하여 더 상세하게 분류하는 것도 검색 속도를 높이는 한 방법이다.

## 서류는 전부 PDF 파일로 만든다

아무리 정리를 해도 종이 서류는 자리를 차지하고 검색 속도를 높이는 데도 한계가 있다. 그렇다면 모든 서류를 PDF로 만드는 것도 한 방법이다. 복합기를 사용하면 서류를 간단히 PDF로 만들 수 있다.

반드시 종이 원본으로 보관해야 하는 것 외에 중요한 서류는 물론이고 버리기도 애매한 서류는 전부 PDF로 만들자. 날짜나 서류 내용을 요약한 파일명을 붙이면 필요할 때 컴퓨터의 검색 기능을 이용해 순식간에 찾을 수 있다.

## 바탕화면에는 진행 중인 파일만 둔다

컴퓨터를 켜도 필요한 서류나 데이터를 찾을 수 없어서 일을 시작하기도 전에 이미 짜증이 나 있다면 컴퓨터를 정리하자.

바탕화면에 사용하지 않는 프로그램 아이콘이나 이미 종료된 업무 폴더가 가득하지는 않은가? 이것이 시간이 걸리는 원인이다.

바탕화면에는 지금 작업 중인 파일과 크게 분류한 상위 폴더 등 최대 10개의 아이콘만 남겨야 원활하게 작업할 수 있다. 바탕화면을 책상과 마찬가지라고 생각하고 필요 없는 것은 두지 말자. 그렇게 하면 상쾌한 기분으로 업무에 임할 수 있다.

## 버릴지 말지 '3초 규칙'으로 판단한다

매일 많은 서류나 자료, 우편물이 도착한다. 컴퓨터에는 메일이나 데이터가 그득그득 쌓여있다. 산더미같이 쌓인 자료를 버리고 싶지만 언제 또 사용할 수도 있지 않을까?

이런 망설임을 끊어주는 것이 필요 여부를 3초 만에 판단하는 '3초 규칙'이다.

3초는 너무 짧다고 생각할 수도 있지만 그보다 더 길게 생각한들 똑같은 결론이 나올 것이다. 생각하는 시간도 아깝다. 또 망설인다는 것은 그것을 오랫동안 사용하지 않아서 불필요하다는 의미다. 그런 자료는 처분해도 불편하지 않다.

## 버릴지 말지 모르겠다면 '정리' 폴더에 넣는다

'3초 규칙'으로 판단하면 언젠가 중요한 것을 버릴 것 같아서 불안하다는 사람도 있으리라. 그렇다면 '정리'라는 이름을 붙인 폴더를 만들어서 판단하기 힘들거나 당분간 필요 없는 서류와 데이터를 집어넣자. '정리' 폴더는 클리어파일이어도 되고 상자여도 된다. 컴퓨터상의 폴더여도 상관없다. 책상이나 바탕화면을 깨끗이 한다는 목적을 달성할 수 있을 뿐 아니라 불안을 해소할 수 있으니 일석이조다.

컴퓨터에 원래부터 있던 프로그램 폴더는 평소 전혀 사용하지 않지만 삭제했다가 오류가 나지 않을지 걱정스럽다면 이것도 정리 폴더에 집어넣자.

이렇게 하면 고민이라는 불필요한 행위를 조금이라도 멀리할 수 있다.

## 정리는 물건 찾는 시간을 추방하는 것이다

책상과 책상 주변을 깨끗하게 정리했는데도 이게 없네 저게 없네 하며 하루 종일 뭔가를 찾고 있다면, 진정한 의미에서 정리정돈을 한 것이라고 보기 어렵다.

눈에 보이는 곳은 정리했지만 서랍 속은 여전히 엉망진창이다. 선반에 있는 서류나 자료는 아무렇게나 꽂혀있다. 그렇다고 자신을 책망할 필요는 없다. 정리하려는 마음은 있으니 거기서 한 걸음 나아가 필요한 것을 곧바로 꺼낼 수 있고 언제든지 사용할 수 있는 상태로 만들면 된다.

# 최단시간에 정보를 정리하는 방법

**신문과 인터넷 기사는 '여기'를 읽는다**

출근 전에는 보통 그날의 뉴스를 파악하기 위해 신문이나 인터넷 기사를 본다. 그런데 구석구석 읽으려면 몇 시간은 족히 걸리므로 요령이 필요하다.

먼저 1면 톱기사는 반드시 읽자. 그날의 가장 중요한 뉴스가 배치되는 곳이기 때문이다. 또 모든 기사는 대제목과 소제목, 본문을 요약한 첫머리로 구성된다. 그러므로 1면의 기사와 다른 기사들의 제목과 첫머리만 훑어보면 그날 무슨 일이 있는지 알 수 있다. 인터넷 기사도 마찬가지로 제목과 첫머리만 읽으면 된다.

신문도 인터넷도 일정 기간, 계속 읽다 보면 상세하게 읽어야 할 기사가 무엇인지 선택할 수 있다. 한 신문사와 한 포털 사이트가 아닌 여러 곳을 대조하며 읽을 수 있다면 당신은 상급자라 할 수 있다.

**읽어야 할 책은 제1장과 마지막 장으로 판단한다**

세상에는 수많은 책이 있지만 자신에게 필요한 책을 선별하는 것은 쉬운 일이 아니다. 먼저 어떤 목적으로 책을 읽는지 어떤 지식을 원하는지 분명히 한다. 비즈니스 서적의 경우 제목이나 저자의 이력을 보면 어느 정도 알 수 있다.

어떤 책을 집어 들었다면 제1장을 넘겨보자. 상당수의 책은 제1장에 가장 말하고 싶은 내용이나 다른 책과의 차별화된 점, 그 책만의 독자적인 내용을 신는다. 만약 잘 읽히지 않거나 원하는 책이 아니라면 제자리에 꽂으면 된다. 괜찮은 내용 같으면 다음에는 마지막 장을 읽어보자. 마지막 장에는 저자가 하고 싶은 말을 정리한 내용이 나오므로 그 책을 읽어야 할지 판단이 설 것이다. 책은 처음부터 끝까지 읽어야 한다고 생각하는 사람도 있지만 꼭 그렇게 할 필요는 없다.

일부만 읽다가 책을 덮어도 그 책과 자신은 맞지 않는 것일 뿐이니 죄책감을 느낄 필요가 없다.

## 사용할 수 있는 정보만 취사선택한다

신문이나 잡지에서 필요한 정보를 골라낼 때는 시간을 들여 전부 읽지 말고 사용할 수 있는 정보만 취사선택하자.

그러려면 신문이나 잡지의 요점을 파악하는 습관을 길러야 한다. 또한 인터넷을 이용할 경우 신뢰할 수 있는 뉴스 사이트의 제목을 확인하는 것도 좋다.

또 욕심을 부려 정보를 구하면 부담이 커지므로 정보원은 3개 정도면 된다. 3곳의 내용을 비교 검토하면 편향된 정보를 접할 위험을 줄일 수 있다.


## 목적 없는 정보 수집을 하지 않는다

정보를 수집할 때 가장 하면 안 되는 일은 '목적 없는 정보 수집'이다. 그런 일을 한들 결국 아무 성과도 나지 않기 때문이다.

그저 조사만 해서는 다음의 구체적인 행동으로 이어지지 않는다. 여기서 중요한 점은 정보를 수집하기 전에 일단 '무엇을 조사할 것인가', '무엇이 가장 중요한가'를 확실하게 정하는 것이다. 또한 수집한 정보를 자기 나름대로 가공하여 부가가치를 높여야 비로소 그 정보가 의미 있는 콘텐츠로 재창조된다는 점을 잊지 말자.

## 명함에 정보를 적어서 영업 활동에 활용한다

비즈니스 퍼슨은 수많은 사람과 명함을 주고받는다. 그런데 명함이 쌓이다 보면 뭐가 뭔지 알 수 없는 경우가 있다.

명함을 받은 뒤 명함의 여백이나 뒷면에 그 사람을 만난 날짜와 용건, 인상이나 대화 내용 등의 정보를 적어두면 다음에 만났을 때 원활하게 대화할 수 있다. 빨리 기입할수록 정확하게 적을 수 있고 데이터로 정리하기도 편하다.

명함에 직접 적는 것이 꺼려진다면 포스트잇에 적어서 붙여도 된다.


## 명함 분류는 인덱스 & 날짜 순으로 한다

명함을 교환한 뒤 받은 명함을 제대로 관리하지 않으면 뒷날 필요할 때 허둥대게 된다.

그렇다면 어떻게 관리해야 좋을까? 일반적으로 인덱스 및 날짜 순의 2단계로 분류하는 방법이 가장 편하다.

먼저 명함을 교환했던 모임이나 업무별로 인덱스를 붙여 분류한다. 그리고 그 인덱스에서 상대와 만난 날짜별로 명함을 배열하면 필요할 때 재빨리 찾을 수 있다.

## 한 달에 한 번 수집한 정보를 대청소한다

서류나 자료, 이메일이나 데이터 등 정보는 그냥 두면 무서운 기세로 쌓인다. 불필요한 자료가 태반이라는 것은 알지만 여간 해서는 버릴 수가 없다. 그렇다면 한 달에 한 번 정보를 대청소하는 날을 정하자.

월말이나 월초, 마감일 다음 날 등 업무상 비교적 한가로운 날을 택한 다음, 일정표에 '정보 대청소 날'이라고 명확하게 기재한다. 그리고 그날은 반드시 실천한다. 어쩌다 그날이 바쁘다고 해도 다음 달로 미루지 말고 되도록 빨리 정리하자.

이 습관을 들인 뒤 주위 사람들에게도 정보 대청소 날을 제안해보자. 부서가 함께 하면 좋은 성과를 낼 수 있을 것이다.

## 산더미처럼 쌓인 우편물은 한꺼번에 읽는다

사무실에는 매일 많은 우편물이 배달된다. 이것을 한 통씩 열어보면 꽤 시간이 걸려서 우편물을 다 처리하기도 전에 이미 많은 일을 한 것 같은 기분이 든다.

쌓인 우편물은 일단 규격봉투와 규격외봉투로 분류하자. 그런 다음 봉투를 한 다발씩 손에 쥐고 가지런히 한 뒤 전부 열어서 내용물을 꺼내자. 비즈니스 서류는 거의 A4용지이므로 봉투 크기가 거의 같아서 한꺼번에 열기 쉽다.

DM 등 불필요한 우편물을 제외한 다음 남은 우편물을 한꺼번에 읽고 처리한다. 나중에 처리하려고 생각하면 우편물이 계속 쌓이기만 할 것이다. 책상에 우편물 더미를 쌓아놓고 싶지 않다면 '한꺼번에 읽기'와 '한꺼번에 처리하기'라는 원칙을 실천하자.

# 소소한 정돈으로
# 시간 낭비를 없앤다

**책상에는 한 가지 업무에 관한 자료만 놓는다**

여러 업무를 동시 진행할 경우에도 책상에는 한 가지 업무에 관한 것만 놓자. 여러 업무에 관한 자료가 책상에 난잡하게 놓여있으면 집중력이 떨어지기 십상이다.

또 작업에 필요한 서류 등을 찾느라 시간을 허비하게 되므로 책상에는 그때 하는 작업에 필요한 자료만 놓도록 하자.

진행 중인 작업에 필요한 자료가 여러 개인 경우에는 클리어파일을 이용해 하나로 모아두면 책상의 작업 공간이 확보되어 효율적으로 일할 수 있다.

## 책상에 있는 물건과 파일은 전부 세워서 보관한다

어질러진 책상을 보면 파일이나 서류, 문구류 등이 옆으로 놓여있는 경우가 많다. 물건이 옆으로 놓여있으면 자리를 차지하게 된다. 때문에 다른 물건을 놓을 장소가 없어서 옆으로 놓여있는 물건 위에 올려놓을 수밖에 없다. 이런 식으로 겹겹이 쌓인 물건들이 쏟아지기 전까지 우리는 계속 물건을 쌓아둔다.

책상을 정리정돈하고 싶다면 모든 물건을 세워서 보관해야한다. 그래야 공간을 차지하지 않고 책상을 넓게 쓸 수 있다. 그리고 무엇보다 물건을 찾느라 시간을 낭비하지 않아도 된다.

## 책상 서랍은 트레이로 칸을 나누어 수납한다

사무실 책상을 깔끔하게 활용하면 업무 효율이 높아진다. 기본적으로 '자주 쓰는 물건은 가까이', '자주 쓰지 않는 물건은 멀리'라는 규칙에 따라 정리하면 된다.

특히 신경 써야 할 점이 서랍 사용법이다. 자료나 문구류를 아무렇게나 집어넣지 말고 꺼내기 쉽게 배치하자. 트레이를 이용하면 서랍 안쪽과 바깥쪽을 구분할 수 있으므로 사용 빈도에 따라 편리하게 수납할 수 있다.

## 일을 3개의 트레이로 분류하여 가시화한다

현재 진행 중인 일의 흐름을 파악하고 원활하게 처리하려면 그 일을 가시화해야 한다.

이때 중요한 것이 자료 정리 방법이다. 자료 내용에 따라 어떤 우선순위로 처리하면 될지 한눈에 알 수 있게 하려면 트레이를 3개 준비하여 분류하면 된다.

'미처리', '처리 중', '처리 완료'라고 적은 라벨을 트레이에 붙이고 그 상황에 따라 자료를 분류하자. 일의 우선순위가 가시화되어 더욱 신속하게 작업할 수 있다.

## 책상 서랍은 각각의 의미를 생각하며 수납한다

책상이 깨끗하게 정리되어 있는데도 항상 물건이 어디에 있는지 몰라 찾고 있는가? 그렇다면 서랍 안이 엉망진창이거나 얼핏 정리정돈된 것 같지만 실은 어디에 무엇이 있는지 모르는 상태다. 서랍은 장식물도 아니고 어질러져 있는 물건의 피난처도 아니라는 것을 명심하자.

보통 사무실 책상에는 4개의 서랍이 달려있다. 책상의 상판 아래에 있는 얇고 넓은 서랍과 오른쪽에 있는 3단 서랍이다.

이 서랍들은 왜 그곳에 있고, 왜 크기와 깊이가 다를까? 그

의미를 생각하며 수납하면 '일단 물건을 넣으면 끝'이 아니라 정말로 잘 활용할 수 있는 서랍이 완성된다.

## 얕은 서랍은 임시 보관 장소로 활용한다

책상의 얕고 넓은 서랍에는 아무거나 막 넣기 십상이다. 그러나 이곳을 비워두면 책상 위와 나머지 서랍을 잘 활용할 수 있다. 접으면 안 되는 큰 서류나 긴 자는 예외로 하되 기본적으로 항상 비워두자.

다른 사람의 눈에 띄고 싶지 않은 서류를 갖고 일할 때는 자리를 비울 때 그 공간을 보관 장소로 활용한다. 또 퇴근시간이 되면 작업하던 서류를 그대로 서랍에 넣고 퇴근했다가 다음 날 꺼내서 다시 하면 된다. 일단 일이 끝나면 다시 빈 공간으로 만드는 것을 잊지 말자.

## 맨 위 서랍에는 사용 빈도가 높은 물품을 수납한다

책상 오른쪽 서랍의 맨 위 칸은 사용하기 편하므로 필기도구나 포스트잇, 클립 등 매일 여러 번 쓰는 물품을 보관하기에 적합하다. 사용 빈도가 높을수록 금방 꺼낼 수 있게 바깥쪽에 넣자.

매일 사용하는 문구류에는 자잘한 것들이 많으므로 내용물이 뒤죽박죽 섞이지 않도록 정리 선반이나 칸막이를 활용하자. 사용한 물품을 제자리에 놓는 습관을 기를 수 있고 정리정돈도 할 수 있으니 일석이조다. 너무 많은 물품을 넣으면 꺼내기 힘들므로 약간 여유를 두자. 열쇠로 잠글 수 있는 서랍이라면 인감이나 중요한 물품을 보관해도 좋다.

**가운데 서랍에는 깊이를 이용한 작은 물품을 수납한다**

책상 오른쪽 서랍의 가운데 칸은 적당히 깊이가 있으므로 테이프커터 등 부피가 있거나 맨 위 칸보다 덜 사용하는 문구류, 전표나 봉투, 계산기 등의 물품을 세워서 넣기에 적합하다. 세워두면 꺼내기도 쉽고 전표나 봉투가 몇 장 남았는지 한눈에 알 수 있어서 잊지 않고 보충할 수 있다.

깊이가 있다고 해서 서류를 옆으로 눕혀서 넣으면 무엇이 들어있는지 금방 알 수가 없다. 일단 그 상태가 되면 다시 물건을 무질서하게 쑤셔 넣게 되므로 주의하자. 이곳을 완전히 비우고 노트북과 관련 물품을 넣는 전용 공간으로 만드는 방법도 있다.

## 맨 아래 서랍은 카테고리별로 나누고 서류를 세워서 수납한다

책상 오른쪽 서랍의 맨 아래 칸은 깊이가 있으므로 가능하면 A4 크기로 통일하여 바인더나 파일상자를 이용해 분류하고 위에서 제목이 보이도록 한다. 분류 방법은 사람마다 다르지만 '지난달 서류', '이달 서류', '다음 달 서류' 등 시간 순으로 나열하는 것을 추천한다. 지난달의 서류는 처분하거나 창고에 옮겨두거나 하기 쉬우므로 쌓아두지 않게 된다.

또 가장 바깥쪽에 있는 파일상자는 비워두고 현재 하는 일의 서류와 자료만 넣는 공간으로 만든다. 그 일이 완료된 뒤 바인더나 파일로 옮기면 어려움 없이 정리정돈을 할 수 있다.


## 사용한 물품은 반드시 제자리에 놓는다

책상 위나 선반을 항상 깨끗하게 하고 싶다면 물건의 '제자리'를 정하고 사용한 물건은 반드시, 그리고 즉시 그 자리에 돌려놓아야 한다.

여기서 주의할 점은 문구류 같은 작은 물건이다. '금방 또 쓸 거니까', '자리도 별로 차지하지 않으니까'라는 이유로 그대로 두면 그 위에 서류나 파일이 놓이고 결국 '그 펜은 어디 있더라?' 하고 찾게 된다. 그동안 서류나 파일은 주변에 방치되어 다시 어질러진 상태가 된다.

물품을 사용한 즉시 제자리에 두는 것도 번거롭겠지만, 서류 더미 속에서 물품을 찾는 것은 더욱 번거롭다. 가장 사용하기 편한 곳을 제자리로 정하고 그곳을 사수하자.

## 아침저녁으로 15분씩 정리정돈을 한다

책상 주변을 깨끗하게 하고 싶어도 서류가 점점 쌓여가고 파일이 많아서 툭하면 어질러진다면, 아침저녁으로 15분씩 정리정돈을 한다는 규칙을 세우자.

청소나 정리정돈을 한꺼번에 하려고 생각하면 마음이 무거워져 오히려 계속 뒤로 미루게 된다. 아침저녁으로 15분씩 하기로 정한 뒤 그 시간 내에 끝나지 않아도 반드시 손을 뗀다. 그러면 다음 15분에 대한 동기부여가 되어 정리정돈 시간이 기다려질 것이다.

아침에는 업무를 곧바로 시작할 수 있도록 저녁에는 다음 날의 일이 원활하게 진행되도록 업무 내용을 생각하며 정리하면 효과적이다.

## 책상이 깨끗하면 업무 효율이 오른다

책상이 깨끗하면 보기에도 좋고 주변 사람들에게 좋은 인상을 준다. 또한 업무 능률도 올릴 수 있다.

먼저 책상이 깨끗하면 긍정적인 마음으로 일을 시작할 수 있다. 또 정리정돈이 되어있으므로 필요한 물건을 찾느라 시간을 허비하지 않아도 된다.

현대사회의 비즈니스에서는 여러 업무를 처리하는 것이 당연시되는데, 책상이 깨끗하면 언제든 다음 일을 받아들일 수 있다. 반면 책상이 어질러져 있으면 그 책상을 치우거나 하다만 업무를 정리하느라 급한 건에 대처하지 못한다.


## 완벽한 상태의 책상 사진을 둔다

책상은 치워도 치워도 금방 어질러진다. 그렇다면 깨끗하게 치운 완벽한 상태의 책상 사진을 찍어보자.

스마트폰으로 촬영하고 언제든 볼 수 있도록 컴퓨터에 저장한다. 그리고 책상이 어지럽혀지면 그 사진을 보자.

깨끗한 책상은 보기만 해도 기분이 좋고 정리했을 때 느꼈던 상쾌함이 떠오르면서 정리정돈을 하고 싶어질 것이다. 또 물건이 제자리에 있는 모습이 찍혀 있으니 사용한 자료나 문구류를 그 자리에 두기만 하면 된다. 책상 위뿐 아니라 서랍 안도 찍어두면 더욱 효과적이다.

## 책상이나 업무 장소는 동선을 고려해 정리한다

업무 능률을 올리려면 책상이나 업무 장소를 사용하기 쉽게 정리해야 한다. 이때 최단, 최소의 움직임으로 일을 진행할 수 있도록 동선을 고려해 정리하는 것이 중요하다.

그러려면 먼저 자신의 업무를 분석하여 사용 빈도가 높은 순으로 순위를 매기자. 가장 많이 사용하는 것은 앉은 상태에서 꺼낼 수 있는 장소에 배치한다. 그리고 사용 빈도에 따라 가까운 곳부터 먼 곳으로 배치한다. 또 책상 주변은 주로 쓰는 손이 오른손인지 왼손인지에 따라 물품을 배치하면 좋다.

## 소모품 외에는 1개만 보관한다

자나 테이프커터 등 업무에 쓰이는 문구류는 각각 1개만 있으면 충분하다. 불필요한 물품은 되도록 갖고 있지 않도록 하자.

이렇게 하면 공간이 절약되고 정리정돈을 쉽게 할 수 있어서 청소할 때도 힘이 덜 든다. 주변에 불필요한 것이 굴러다니지 않으면 집중도가 높은 환경에서 일할 수 있다.

다만 소모품류와 그 물품이 망가지면 일에 중대한 지장이 있는 것(예를 들어 컴퓨터)은 여러 개 갖고 있어도 괜찮다.

## 한 달간 사용하지 않은 가방의 내용물을 정리한다

무거운 가방을 갖고 다니면 쉽게 피로해지고 힘만 든다. 비즈니스용 가방에는 필요한 최소한의 물건을 넣자.

특히 가방 안에 있는데 한 달 이상 사용하지 않은 물품은 앞으로도 사용하지 않을 확률이 높으므로 얼른 치워서 가방을 가볍게 만들자.

없으면 왠지 마음이 놓이지 않으니 이것저것 다 있어야 한다고 생각하지 말고 편의점 등에서 살 수 있는 것은 필요할 때 구입하면 되므로 곧바로 정리하자.

## 가방의 내용물은 하루를 마칠 때 정리한다

가방에는 원칙적으로 그날 사용하는 것만 넣어야 한다. 그러려면 하루를 마칠 무렵에 반드시 가방 안을 점검하고 그날 사용하지 않았던 것은 빼는 습관을 들이자.

또 가방에 넣는 것은 사용 빈도에 따라 '없으면 곤란한 것', '있으면 편리한 것', '없어도 되는 것'으로 분류한다. 그리고 그

나는 왜 항상 시간에 쫓길까

내용에 따라 '항상 넣어둔다', '필요에 따라 내용물을 바꾼다', '절대로 넣지 않는다'로 정리하면 편리하다.

## 가방 안의 서류는 사용 순서대로 정리한다

필요한 물품이 금방 눈에 띄지 않아 방문한 곳에서 가방을 뒤적거리는 일이 없도록 가방 안은 항상 정리해두자. 깔끔하게 가방을 사용하려면 몇 가지 사항만 지키면 된다.

먼저 가방의 내용물은 세로로 세워놓은 상태에서 무엇이 어디에 들었는지 바로 확인할 수 있도록 수납한다. 또 서류는 안건별로 클리어파일에, 작은 물건은 투명한 파우치에 넣어서 분류한다. 사용 빈도가 높은 것일수록 꺼내기 쉬운 곳에 두면 가방 정리는 끝이다.

## 이너백으로 가방 안을 정리한다

가방에는 서류, 태블릿, 스마트폰, 지갑, 명함케이스 등 많은 것이 들어있다. 가방 내부에는 칸막이와 주머니가 있어서 수납에 도움이 되긴 하지만, 방문처에 따라서는 내용물을 바꿔야 하고 그때마다 빼놓는 것이 없는지 신경이 쓰이기 마련이다.

이런 사람에게는 이너백을 추천한다. 이너백은 칸막이가 많이 있는 소형 가방을 말하며 가볍고 부드러운 소재로 되어있어서 큰 가방에 넣고 사용하기 편하다. 작은 화장품을 많이 갖고 다니는 여성이 잘 이용하지만 비즈니스용으로 판매되는 것도 있으므로 비즈니스 용품을 깔끔하게 수납할 수 있다.

가방을 바꿀 때도 이너백만 옮기면 되니까 편리하다.

## 출장용 준비물 목록을 만든다

출장을 갈 때 짐을 꾸리는 것은 번거롭고 시간을 많이 잡아먹는 일이다. 출장지에서 잊고 온 물건이 있다는 것을 알면 당황하게 되므로 꼼꼼하게 잘 챙겨두어야 한다.

1박용, 2박용 등 '출장 시 준비물 목록'을 만든 다음, 그 물품을 여행 가방에 넣었으면 체크 표시를 하자. 이때 깜빡하기 쉬운 것이 스마트폰이나 수첩 등 떠나기 직전까지 사용하는 물건으로, 출장지에서 없어서는 안 될 것들이다.

이런 물품은 목록에서 눈에 잘 띄게 진한 선으로 테두리를 그리고 출장 전날 밤 사용한 가방에서 옮겨 담자. 또 방문하는 곳이나 계절에 따라 내용물이 바뀔 수 있으므로 목록에 여백을 남겨두어 추가할 수 있도록 한다. 이 목록은 두꺼운 종이에 작성해서 여행 가방에 넣어두면 된다.

# Chapter 05

# 능력을 업그레이드시키는 IT기기 활용법

#  시간을 단축하는 컴퓨터 활용법

**단어 등록으로 입력 시간을 단축하고 오타를 방지한다**

비즈니스 메일에는 '귀사의 무한한 발전과 번영을 기원합니다', '잘 부탁드립니다'를 비롯해 몇몇 정형화된 문구가 있다.

매일 메일을 보낼 때마다 이런 문구를 일일이 치는 것은 귀찮고 시간 낭비다. 이럴 때는 단어 등록 기능을 이용하여 '귀사의', '잘 부탁'만 입력해도 완성된 문구가 나오도록 설정하자.

물론 자신의 이름과 휴대전화번호, 메일 주소, 회사명, 부서명, 회사 주소, 메일을 주고받는 상대방의 이름이나 회사명도 자신만의 약어로 단어를 등록해두자. 편리할 뿐만 아니라 오타를 방지할 수 있다는 장점도 있다.

## 컴퓨터의 디스크 정리 기능을 이용해 처리 속도를 높인다

컴퓨터 처리 속도가 느려지는 원인 중 상당수는 하드디스크에 불필요한 파일이나 프로그램, 임시 파일 등이 축적되어 있기 때문이다. 이럴 때는 디스크 정리 기능을 이용하자.

윈도우즈의 경우 '내 컴퓨터'의 '로컬 디스크'를 마우스 오른쪽 클릭하면 '속성'이 나온다. 여기서 '디스크 정리'를 클릭하면 컴퓨터가 자체적으로 검색해서 삭제할 파일 목록을 보여준다. 여기서 삭제할 파일을 선택하고 '확인'을 누르면 작업이 끝난다.

정기적으로 이 작업을 하면 쾌적한 환경에서 컴퓨터를 사용할 수 있다.


## 아이템의 보고 '내 폴더'를 만든다

컴퓨터에 '내 폴더'를 만들어두면 기획을 할 때 큰 도움이 된다.

자신이 만든 기획서나 아이디어 메모 등 일에 관한 문서라면 무엇이든 좋으니 폴더에 넣어두자. 이것이 몇 년분 쌓이면 필요할 때 그 데이터를 조금 변형하여 새로운 기획서를 단시간에 만들 수 있다.

'내 폴더'를 만들 때는 항목별로 데이터를 분류하자. 몇 년

간 데이터가 축적되면 필요한 정보를 찾는 데 시간이 걸리므로 목차를 만들어두면 더욱 빠르게 찾을 수 있다.

## 하위 폴더를 여러 단계로 만들지 않는다

컴퓨터로 데이터를 관리할 때 편리한 폴더. 그러나 막상 데이터를 활용하고 싶을 때 어느 폴더에 들어있는지 알 수 없으면 종이로 보관하는 것보다 더 귀찮을 수도 있다.

그러므로 폴더를 분류하여 데이터를 관리할 경우, 너무 여러 단계로 나누지 않도록 하자. 하위 폴더는 최대 1~2단계로 하고 그 이상 만들지 않는다. 하위 폴더가 층층이 있으면 여러 번 클릭을 해야 하고 원하는 파일을 찾기 어렵다.

## 금방 찾을 수 있는 파일명을 붙인다

파일을 찾을 때는 보통 검색 기능을 사용한다. 그때 한 번에 파일을 찾을 수 있도록 규칙에 따라 파일명을 정하자.

예를 들어 '고객명+파일명+파일 작성일'이라는 식으로 팀 전체가 파일을 공유했을 때 누구나 이해할 수 있는 이름이 바람직하다.

또 동일한 컴퓨터에 같은 이름의 파일을 만들지 않기 위하여 반드시 고객명을 넣어야 한다. 고객명을 약칭으로 표기하면 비슷한 명칭이 여러 개 있을 수 있으므로 정식 상호로 통일하는 것이 좋다.

## 필요한 폴더나 파일을 신속하게 열도록 설정하는 법

파일이 어디에 있는지 몰라 한참 찾거나 파일의 위치를 알아도 그 파일이 여러 단계를 거친 하위 폴더에 있어서 몇 번씩 클릭을 해야 겨우 열 수 있다면 일을 시작하기도 전에 지쳐버릴 것이다. 그러므로 필요한 폴더나 파일을 빨리 열 수 있도록 설정해야 한다.

윈도우즈7의 경우, 자주 사용하는 파일을 시작 메뉴 윗부분에 고정시킬 수 있다. 윈도우즈8.1 이후부터는 작업표시줄에 '빠른 실행'이라는 기능이 추가되어 있으므로 이 부분에 필요한 폴더나 파일을 추가하면 단 한 번의 클릭으로 실행된다.

## 재활용할 파일은 전용 폴더에 저장한다

업무상 메일과 데이터를 주고받을 때마다 메일이나 데이터를 처음부터 만드는 것은 시간 낭비다. 다시 이용할 수 있는 내용은 적극적으로 재활용하자.

'재활용 폴더'를 만들어 다시 이용할 만한 파일을 저장하면 필요할 때 금방 찾을 수 있다. 수신자별, 안건별 폴더를 만들면 더욱 편리할 것 같겠지만, 다른 상대방이나 안건에 이용할 수도 있으므로 세분화하지 않고 폭넓게 사용하는 것이 좋다. 파일명은 '날짜+자료명'으로 하면 된다.

예를 들어 '20190102+고객 연령층'이라고 정하는 식이다. 이 파일을 열어서 수정했다면 다시 그 날짜로 파일명을 변경하여 저장한다. 재활용 폴더는 자주 이용할수록 점점 더 편리한 존재가 된다.

### 한 번에 여러 개의 파일에 일련번호를 매기는 방법

많은 정보를 정리할 때는 일련번호를 매기는 것이 원칙이다. 그런데 파일이 많을 때는 일일이 번호를 입력하는 것이 보통 일이 아니다. 그러나 걱정하지 않아도 된다. 한 번에 일련번호를 붙이는 방법이 있다.

먼저 일련번호를 붙이고 싶은 파일을 동시에 선택한 다음 'F2'를 누른다. 그러면 마지막 파일명이 변경할 수 있는 상태가 된다. 여기에 공통된 파일명을 입력하고 'Enter' 키를 누르면, 모든 파일이 같은 이름이 되면서 끝에 (1), (2) 등 일련번호가 붙은 상태로 변한다.


**파일을 자주 저장한다**

열심히 서류를 작성했는데 그만 삭제되고 말았다. 자료를 정리하고 있는데 시스템상 문제가 일어나 컴퓨터가 강제 종료되었다. 이런 문제는 왠지 모르지만 업무를 거의 완성해갈 때 발생하고, 그럴 때 꼭 파일을 저장하지 않은 경우가 많다. 이것은 거의 다 되었다고 생각해서 방심하거나 업무를 전속력으로 처리하느라 평소에는 자주 하던 파일 저장을 하지 않아서 생기는 비극이다.

그동안의 수고가 물거품이 되지 않도록 파일은 30분에 한 번씩 저장하는 등 자신의 규칙을 세워두자. 또 기밀 보장이 되어야 하는 업무가 아니라면 사내의 다른 컴퓨터로도 다운로드할 수 있도록 하면 컴퓨터에 문제가 발생해도 충분히 처리할 수 있다.


**첨부파일의 비밀번호는 상대방의 휴대전화번호로 한다**

메일로 첨부파일을 보낼 때 비밀번호를 설정하는 경우가 있다. 첨부파일을 보내는 메일에 비밀번호를 적으면 보안이라는 의미가 없어지므로 다른 메일로 비밀번호를 알려줘야 하는데 그러면 또 시간이 걸린다. 깜빡 잊어버리고 메일을 보내지 않아 기다리다 지친 상대방의 재촉을 받을 수도 있다.

그러므로 상대방의 휴대전화번호를 알고 있다면 뒷자리 4자리를 비밀번호로 설정하자. 그리고 첨부파일을 보내는 메일에 '○○씨의 휴대전화번호 뒷자리 4자리입니다'라고 적으면 다시 메일을 보내지 않아도 된다. 회사 전화번호도 괜찮지 않냐고 생각할 수 있지만 회사 전화번호는 서명란에 기재되어 있는 경우가 많아서 누구나 파일을 열 수 있으므로 보안 면에서 좋지 않다.

휴대전화번호도 불안한 사람은 상대방과 미리 협의해서 비밀번호를 정해두자.

**자리를 뜰 때는 컴퓨터를 잠금 화면으로 바꾼다**

컴퓨터에는 각종 개인 정보와 업무상 중요한 정보가 저장되어 있다. 그런 정보가 유출되지 않도록 불특정 다수의 사람이 지나다니는 곳에서는 주의를 기울이며 컴퓨터를 다루어야 한다.

특히 작업 중인 화면이 떠 있는 채로 자리를 비우지 말자. 안전을 위해 컴퓨터를 반드시 잠금 화면으로 바꾼다.

잠금 기능은 비밀번호를 설정할 수 있어서 안전하다. 보통 '시작 메뉴'에서 '잠금'을 클릭하거나 윈도우즈의 경우 '윈도우즈 로고+L'을 누르면 잠금 화면으로 바뀐다.

**작업 중인 파일은 바탕화면에 바로가기 아이콘을 만든다**

'바로가기'는 파일이나 폴더를 열기 위해 준비하는 별도의 파일을 말하며 말 그대로 해당 파일에 바로 갈 수 있는 도구다.

작업 중인 파일처럼 자주 사용하는 파일은 바탕화면에 바로가기를 만들어두면 파일을 찾는 수고를 덜 수 있다.

파일과 바탕화면이 보이는 상태에서 'Ctrl'과 'Shift' 키를 함께 누른 채 파일을 바탕화면으로 끌면 바로가기 아이콘을 만들 수 있다.

**하드웨어에 투자하여 업무 효율을 높인다**

일할 때 항상 짜증을 유발하는 요소가 있는가? 이것은 사소해 보이지만 업무 집중력을 저하시키는 원인이 된다. 예를 들어 컴퓨터 속도가 느리거나 키보드나 마우스의 사용감이 좋지 않은 등 물리적으로 불편한 점은 참지 말고 아낌없이 투자하여 해결하자.

만약 컴퓨터 속도가 느리다면 메모리를 확장하거나 키보드나 마우스를 새것으로 바꾸면 된다. 몇만 원에서 몇십만 원을 하드웨어에 투자해서 업무 효율이 비약적으로 높아진다면 결코 손해를 보는 일은 아니다.

## 마우스를 맞춤형으로 설정한다

컴퓨터의 마우스는 사용하기 편하게 개량하는 것이 좋다. 특히 마우스 포인터의 반응 속도를 자신의 감각에 맞추면 작업 효율을 확연히 높일 수 있다.

포인터 속도를 변경하려면 '설정'에 있는 '장치'에서 '마우스'를 클릭한다. '마우스 속성'을 누르면 '포인터 옵션'에 있는 '포인터 속도 선택'에서 자신에게 맞는 속도로 조절할 수 있다.

## 단축키를 사용해 업무 효율을 높인다

컴퓨터 작업을 느리게 하는 원인 중 하나가 마우스다. 마우스를 조작하려면 커서를 정확한 위치에 놓아야 하는데 이 동작은 생각보다 더 눈과 팔 근육을 혹사시킨다.

또한 키보드와 마우스 사이에서 손이 이동하면 그때마다 집중력이 끊어져 당연히 업무 효율이 오르지 않는다.

그러므로 마우스 대신 단축키를 활용하자. 마우스로 몇 번씩 클릭해야 하는 작업도 키보드상의 여러 키를 조합하여 누르면 한 번에 실행할 수 있다. 이 방법은 시간과 스트레스를 줄여주는 데 꽤 큰 효과가 있다. 제6장에서 다양한 단축키를 소개하므로 꼭 한 번 실행해보기 바란다.

## 자세와 컴퓨터 위치를 점검하여 피로를 줄인다

사무 일을 할 때는 컴퓨터 앞에 앉아 있는 시간이 압도적으로 길기 때문에 자세가 나쁘면 피로가 계속 쌓이게 된다. 자신도 모르게 화면에 얼굴을 바싹 대고 구부정하게 앉아 있지는 않은가? 그렇다면 자세와 컴퓨터 위치를 수정하자.

일단 등을 쭉 펴고 무릎을 90도로 굽혀서 두 발이 바닥에 닿게 한다. 다음에는 키보드를 조작하는 손과 손목, 팔꿈치가 수평이 되도록 하고 모니터와 눈높이가 동일하게 되도록 조정한다. 이렇게 하면 피로가 훨씬 덜하다.

그래도 계속 앉아 있는 것은 금물이다. 30분마다 일어나 잠깐씩 걷도록 하고 충분한 수분 공급도 잊지 말자. 현대인은 앉아서 지내는 시간이 길기 때문에 자세를 바르게 하고 틈틈이 운동을 할 수 있도록 신경을 써야 한다.

## 터치 타이핑을 익힌다

컴퓨터 입력시간을 단축시키면 작업시간도 줄일 수 있다. 이때 중요한 것이 '터치 타이핑' 속도다.

아직 터치 타이핑을 익히지 않았다면 당장 배우자. 그럴 필요가 있는지 생각만 하는 동안에는 절대 실력이 늘지 않으므로 자신의 머릿속에 이것은 필수 요건이라고 주입시키자. 충분히 연습하면 누구나 몇 주일 지나지 않아 익힐 수 있으므로 무조건 거부하지 말고 꼭 도전해보기 바란다.


## 데이터를 정기적으로 백업한다

물리적인 이유나 바이러스에 의한 문제뿐 아니라 기기 수명이 다 되어서 어느 날 갑자기 데이터가 전부 사라지는 경우가 있다. 그런 만일의 사태에 대비해 정기적으로 데이터를 백업하자.

백업 데이터를 저장하는 곳으로는 OS를 통째로 저장한다면 외장형 하드디스크가 적합하다. 데이터를 보관하는 데는 DVD-R이나 CD-R 등 외부 미디어, 일시적인 백업인 경우에는 USB메모리를 활용하면 된다. 또 필요한 파일은 물론 자신이 커스터마이즈한 사전, 이메일 앱 데이터도 백업해두면 편리하다.

# 생산성을 높이는 인터넷 활용법

**원하는 정보를 재빨리 검색하는 방법**

인터넷으로 검색해도 원하는 정보를 좀처럼 찾을 수 없는 경우가 있다. 그러나 몇 가지 방법을 활용하면 신속하게 원하는 정보를 얻을 수 있다.

예를 들어 검색창에 키워드를 ""로 감싸면 그 단어와 완전히 일치하는 결과만 나온다. 또 두 단어 사이에 '–'를 넣으면 앞의 단어에 대한 검색결과 중 뒤의 단어를 제외한 상세검색결과가 나온다. 두 단어 사이에 'or'를 넣으면 하나 이상의 단어가 포함된 검색결과가 나온다. 그리고 단어 중 모르는 문자를 '*'로 입력하면 그와 유사한 말을 검색해준다.

검색 단어에 '.pdf', '.doc', '.ppt'를 붙이면 각각 PDF 문서,

워드 문서, 파워포인트 문서를 찾을 수 있고, '.org'를 붙이면 공공성이 강한 조직이 제공하는 정보를 찾을 수 있다. 이런 파일 검색 기능을 활용하여 신속하게 검색하자.

### 인터넷 페이지당 검색결과 수를 100건으로 설정한다

인터넷 페이지당 검색결과 수는 통상 10건이라 필요한 정보를 찾기까지 시간이 많이 걸린다. 다음 페이지로 가려면 페이지 하단에 있는 '다음' 버튼을 클릭해야 하는데 점점 귀찮아져서 중간에 그만두는 경우가 태반이다.

그런데 검색결과 수를 100건으로 설정하면 검색 속도가 훨씬 빨라진다. '다음' 버튼을 여러 번 클릭하지 않아도 필요한 정보를 찾을 확률이 높기 때문이다.

검색 설정을 변경하는 것은 구글의 크롬, 인터넷 익스플로러, 파이어폭스, 사파리 등 어떤 브라우저에서도 할 수 있으니 꼭 설정을 바꿔서 검색해보자.

### 인터넷 검색은 '새 창'을 활용한다

인터넷 검색결과는 '새 창'에서 표시하도록 검색 설정을 변경하자. 그러면 내용을 다 읽은 뒤 브라우저를 닫아도 다시 검색 키워드를 입력하지 않아도 된다.

검색 설정을 변경하려면 구글의 경우, 첫 화면의 오른쪽 아래에 있는 '설정'에서 '검색 설정'을 누르고 '검색결과 여는 창'에서 '선택한 검색결과를 새 브라우저 창에서 열기'에 체크하면 된다.

## 검색은 10분 이내로 한다는 규칙을 세운다

인터넷 검색을 하다 보면 시간이 훌쩍 지났음에도 원하는 정보를 찾지 못할 때가 있다.

우리는 인터넷을 통해 방대한 정보를 얻을 수 있지만, 그 속에서 자신이 원하는 정보를 골라내기란 쉽지 않다. 그러다 보면 눈길을 끄는 또 다른 정보를 보고 옆으로 새서 시간을 잡아먹기 십상이다. 그러므로 검색은 10분 이내로 한다는 규칙을 만들자.

10분으로는 도저히 원하는 정보를 얻을 수 없다면 일단 검색해서 나온 제목이나 문구를 대충 보고 쓸 만한 것만 저장한 뒤 나중에 찬찬히 살펴보자.

## 새로운 정보만 검색하고 싶으면 기간을 지정한다

인터넷 검색으로 새로운 정보만 보고 싶을 때는 구글의 경우 첫 화면의 오른쪽 아래에 있는 '설정'에서 '고급검색' 버튼을 누르자.

그 다음 '다음 기준으로 검색결과 좁히기'의 '최종 업데이트'에서 '지난 1일', '지난 1주', '지난 1년' 등 원하는 기간을 선택하면 그 기간 내의 정보만 검색된다.


## 유튜브로 언제든지 e러닝을 한다

세계 최대의 동영상 공유 사이트인 유튜브는 단순한 오락 사이트가 아니다. 활용하기에 따라서 비즈니스 관련 지식을 알려주는 선생님으로 변신하기도 한다.

예를 들어 유튜브의 다양한 콘텐츠 중에는 비즈니스 영어나 비즈니스 매너 등 언제든지 'e러닝'을 실천할 수 있는 동영상이 많이 존재한다. 하루 15분 등 시간을 정해 이런 동영상을 보며 매일 꾸준히 독학하면 직장인이 갖춰야 할 능력을 차곡차곡 쌓을 수 있을 것이다.

## 목적에 맞춰서 SNS를 활용한다

트위터나 페이스북, 라인 등 SNS에는 여러 종류가 있다. 가장 큰 특징은 등록자들끼리 정보를 공유하는 데 있지만 SNS를 목적에 따라 구분하여 사용하면 더 효과적으로 활용할 수 있다.

정보 수신용인지, 정보 발신용인지를 기준으로 분류하는 것이다. 또는 오프라인에서도 만날 수 있는 인간관계를 쌓고 싶은지, 온라인상의 관계만으로도 충분한지라는 기준에 따라서도 사용법이 달라질 것이다.

각 SNS의 특성을 파악하여 사용하자.


## 유명인의 트위터를 팔로우하여 1차 정보를 얻는다

트위터에서는 다른 사용자를 팔로우하면 그 사용자의 트윗이 자신의 화면에 실시간으로 표시된다.

그리고 기본적으로 팔로우하는 데 상대방의 승인을 얻을 필요가 없으므로 트윗을 공개하고 있는 유명인 등이 직접 발신하는 유익한 1차 정보를 입수할 수 있다.

또한 트위터를 통해 기업이 발신하는 최신 정보, 정부기관이나 보도기관이 발신하는 뉴스 등 최신 정보를 신속하게 입수할 수 있다.

## 클라우드로 언제 어디서나 일을 처리한다

디지털 데이터를 인터넷상의 서버에 보관함으로써 인터넷 환경만 갖추어지면 어디서나 자유롭게 데이터를 내려받을 수 있는 것이 클라우드다. 이것을 활용하면 언제 어디서나 일을 할 수 있다. 또한 인터넷만 가능하면 컴퓨터가 없어도 어떤 단말기로도 이용할 수 있는 것이 클라우드의 매력이다.

즉, 스마트폰이나 태블릿으로도 사무실에서 하다 만 일을 이동 중에 처리할 수 있다는 말이다.

## 온라인 스토리지 서비스로 정보를 공유한다

클라우드에 파일을 저장하여 같은 환경을 여러 대의 컴퓨터로 이용할 수 있는 서비스를 '온라인 스토리지 서비스'라고 한다. 요즘 들어 급속히 성장하고 있는 분야이기도 하다. 그중에서도 드롭박스Dropbox는 편한 사용감으로 호평을 받고 있다.

드롭박스는 데이터의 창고 역할을 한다. 대용량 데이터를 클라우드에 저장할 뿐 아니라 데이터 동기화가 신속하게 이루어져 여러 대의 컴퓨터로 정보를 공유하고 싶을 때 크게 활약해준다. 잘 사용하면 장소에 구애받지 않고 일할 수 있을 뿐 아니라 데이터를 갖고 나갈 준비를 따로 하지 않아도 된다.

나는 왜 항상 시간에 쫓길까

## RSS리더로 최신 정보를 자동 수신한다

마음에 드는 블로그를 자주 확인하며 정보를 모으려면 꽤 시간이 걸린다. 이때 RSS리더를 이용하면 효율적으로 정보를 수집할 수 있다.

사용 방법은 아주 간단하다. 내가 보고 싶은 웹 사이트를 RSS리더에 등록하기만 하면 된다. 이렇게 하면 웹 사이트의 새로운 기사가 일정 시간마다 자동으로 다운로드되므로 항상 최신 정보를 받아볼 수 있다.

또 RSS리더에는 '피들리$^{Feedly}$', '이노리더$^{Inoreader}$' 등의 서비스가 있는데 각각의 특징을 비교하여 자신의 생활 양식에 맞는 것을 선택하자.

## 클라우드로 파일을 공유하고 업데이트한다

예전에는 여러 명이 공동으로 문서를 작성하거나 일정 조정을 할 경우, 메일에 파일을 첨부하여 각자 수정하거나 입력하는 방식이 일반적이었다. 물론 이 방법은 지금도 쓰이긴 한다. 그러나 이렇게 하면 쉴 새 없이 메일을 주고받아야 해서 번잡하다. 누구는 체크했고 누구는 체크하지 않았는지, 몇 번째 버전의 문서인지 등으로 혼란스러울 수도 있다.

클라우드는 이런 문제를 깨끗이 해결한다. 클라우드에 파일을 첨부하여 마감일을 설정하면 각자 한 번에 입력할 수 있으므로 신속하게 일이 진행된다. 또한 모든 사람이 최신 버전을 볼 수 있어서 훨씬 수월하게 내용을 확인할 수 있다.

## 원/달러를 환산하고 싶을 때는 구글을 이용한다

원/달러를 환산하고 싶을 때는 구글 검색을 활용하면 즉시 환산해준다.

예를 들어, 100만 원을 달러로 환산하고 싶다면 검색창에 '100만 원 달러'라고 입력해보자. 검색결과 가장 위에 최신 환율에 근거한 금액이 표시될 것이다. 이 방법은 달러뿐 아니라 '뼘/센티미터', '섭씨/화씨' 등 다양한 단위 변환에도 적용된다.

## 전화 회의로 시간과 돈을 절감한다

오직 회의를 목적으로 장거리 출장을 가기에는 시간과 돈이 아깝다. 그런 면에서 전화를 이용한 원격 회의(컨퍼런스콜)는 시간과 돈을 절감하고 회의를 효율적으로 진행하는 데 일조한다.

전화 회의를 하면 참석자들이 요점을 말하기 위해 노력하기 때문에 불필요한 설명이 줄어든다. 그 결과 회의시간이 대면 회의보다 짧게 끝난다. 다만 발언할 때는 항상 이름을 먼저 말하고 명료한 발언으로 약간 천천히 말해야 한다. 또 진행자를 정해 발언이 중복되지 않도록 조정하는 것도 필요하다.

최근에는 스카이프 등 인터넷 그룹 회의를 무료로 할 수 있는 수단이 늘어났으니 꼭 한 번 활용해보자.

## 불필요한 메일 매거진을 등록하지 않는다

불필요한 수신 메일을 늘리지 않으려면 메일 매거진을 등록할 때 신중해야 한다. 불필요하다고 생각하는 메일 매거진은 당장 구독 해지하자.

어쩌다 명함을 주고받았을 뿐인데 상대방이 일방적으로 메일 매거진을 보내는 경우도 있다. 이럴 때는 어느 정도 시간이 지났을 때 분명하게 거절 메일을 보내자.

또 메일 매거진에는 기본적으로 시의성이 강한 정보가 실리므로 내가 원해서 등록했어도 24시간 내에 열지 않았다면 바로 삭제하는 편이 낫다.

## 직접 찾아가지 말고 인터넷으로 용무를 마친다

간단한 쇼핑이나 계좌 이체, 우표 구입 등 사소한 용무를 보기 위해 일부러 목적지까지 가면 많은 시간이 소요된다. 그러나 인터넷을 이용하면 시간을 훨씬 절약할 수 있다.

또 인터넷 쇼핑을 할 때 배송시간을 지정하면 편하게 물건을 받을 수 있다. 계좌 이체도 인터넷으로 하면 은행 영업시간을 신경 쓰지 않아도 된다. 또한 우표도 인터넷으로 구입하여 컴퓨터로 다운로드를 받은 뒤 프린트해서 사용하면 편리하다.

이처럼 인터넷을 활용하면 편리하고 시간을 효율적으로 사용할 수 있다.

## 열차표는 인터넷으로 예약한다

출장을 가야 하는데 열차표를 깜빡해서 구매하지 못한 적은 없는가? 역에 가서 사면 될 거라고 생각했는데 막상 가보니 창구에 사람들이 너무 많아 한참 뒤편을 이용해야 했다는 사람도 있다.

열차표를 가장 확실하게 구매하는 방법은 인터넷 예약이다. 출장 일시가 정해지면 즉시 인터넷 사이트에 들어가 표를 예매하자. KTX 등 고속열차는 여행 성수기는 물론이고 평일 아침 저녁도 출장 가는 사람들로 붐비는 편이다. 인터넷 예약을 하면 종이표를 갖고 있지 않아도 되고 승차시간이 가까워지면 메일이 와서 늦지 않게 탈 수 있다.

표를 구하지 못해 역에서 시간을 허비하거나 거래처와의 약속시간을 지키지 못하는 일이 없도록 하자.

## 교통카드 이력 조회 서비스로 경비를 신속하게 정산한다

교통비를 정산하는 것은 참 번거로운 일이다. 언제 어느 역에서 지하철을 탔고 어디서 환승하여 최종적으로 얼마가 들었는지 상세한 기록이 필요하다.

후불 교통카드 이력을 확인하면 이런 수고를 덜 수 있다. 각 신용카드사 홈페이지에 들어가서 카드 이용내역을 조회하면 그 이력과 요금을 볼 수 있다. 또 티머니를 사용하는 사람은 티머니 사이트에 들어가서 사용내역을 조회하면 된다. 그러면 일일이 기록할 필요가 없으므로 누락이나 실수를 방지할 수 있다.

외근이 많은 사람은 업무용 후불 교통카드를 만들어서 사용하면 어떨까? 정산 시 일일이 개인 용도와 업무 용도를 구분하여 계산하지 않아도 되므로 더욱 편리하다.

# 편하고 신속하게 메일을 보내는 방법

**메일 첫줄부터 용건을 쓴다**

메일은 보통 '안녕하세요, ○○입니다'라는 첫 문장으로 시작된다. 그 자체로는 짧은 문장이지만 하루에 몇십 통씩 메일을 보낼 경우, 다 합치면 꽤 많은 시간이 든다. 그러므로 사내 메일을 보낼 때는 인사말을 생략하고 첫줄부터 용건을 쓰도록 하자.

갑자기 방식을 바꾸기가 망설여진다면 우선 3통에 1통 정도로 시작했다가 서서히 빈도를 늘리자. 그렇게 해도 일에 지장이 없으면 완전히 이 방식으로 바꾸면 된다.

다만, 고객이나 거래처, 직속이 아닌 타부서의 상사에게 보내는 메일에는 결례가 될 수도 있으니 상황에 따라 판단하자.

## 메일 제목에 '△△사의 ○○입니다'는 피한다

업무 메일은 제목만 읽어도 무슨 용건인지 알 수 있어야 한다.

그러므로 메일 제목에 '△△사의 ○○입니다' 또는 '안녕하세요'라는 문구를 써넣는 것은 금물이다.

메일 제목에 용건이 쓰여 있으면 그 메일을 지금 당장 읽어야 하는지 나중에 읽어도 괜찮은지 일일이 열어보지 않아도 판단할 수 있기 때문이다. 이러한 배려가 결과적으로 일을 원활하게 진행하게 한다는 점을 명심하자.

## 상황에 따라 제목만 있는 메일을 활용한다

수많은 메일을 일일이 열어보는 것은 시간 낭비다.

그러므로 사내 메일 등 잘 아는 사람에게 메일을 보낼 때는 '제목만 있는' 메일을 보내보자. 받은 메일함을 보면 클릭하지 않아도 용건을 알 수 있다.

이때 주의해야 할 점은 제목에 '내용 무'라고 병기해줘야 한다는 점이다. 본문이 백지인 것이 신경 쓰인다면 '제목만 있어서 죄송합니다'라는 문구를 곁들이면 될 것이다.

## 메일 본문에 첨부파일의 요점을 적는다

첨부파일을 보낼 때 '첨부파일을 확인해주세요'라는 말만 하는 것은 아주 불친절한 행동이다. 시간 낭비를 없애려면 첨부한 파일의 요점이나 확인 사항을 본문에 적어서 보내는 것이 바람직하다.

그러면 메일을 받는 사람이 파일을 바로 다운로드할 수 없는 상황이어도 본문의 내용을 통해 어떤 파일인지 파악할 수 있다.

그 결과 앞으로 취해야 할 행동을 미리 생각하게 되어 업무시간이 절감된다.


## 용량이 큰 파일은 온라인 스토리지 서비스를 이용한다

비즈니스 메일로 용량이 큰 파일을 보낼 때는 상대방의 상황을 고려해야 한다. 기업에 따라서는 서버 사정상 용량이 큰 메일을 받지 못하는 경우도 있으므로 대용량 파일을 첨부할 때는 미리 상대방의 메일 환경을 확인하는 것이 좋다.

큰 파일을 받을 때 일어날 수 있는 문제를 막기 위해 온라인 스토리지 서비스를 이용하는 방법도 있다.

그런데 보안상의 문제를 이유로 외부 온라인 스토리지 서비스를 이용하는 것을 금지하는 기업도 있다. 어떤 기업은 법인계약을 맺은 스토리지 서비스를 이용하기도 하므로 이 점도 미리 확인해서 시간을 효율적으로 쓰도록 하자.

## 메일은 '잘 부탁합니다'가 아니라 구체적인 문구로 끝맺는다

많은 사람이 메일을 보낼 때 '잘 부탁합니다'나 '감사합니다'라는 맺음말을 사용한다. 물론 누가 봐도 예의 바르고 무난한 문구이기는 하다. 그러나 이러면 상대방이 무엇을 하면 될지 모르는 경우도 있다.

기획서를 보냈는데 며칠이 지나도 답장이 오지 않는다, 마음에 들지 않는 것은 아닌지, 재촉해도 되는지 혼자서만 끙끙 앓고 있는데, 알고 보니 상대방은 그 메일을 읽었지만 이쪽이 다음 메일을 보낼 줄 알고 기다리고 있었다는 경우도 있다. 그러므로 '허심탄회한 의견을 여쭙고 싶습니다', '답변 기다리겠습니다' 등 상대방에게 원하는 행동을 맺음말로 표현하면 원활하게 소통할 수 있다.

괜히 주저하지 말고 알기 쉽고 정중한 어투로 표현하면 된다.

## 한 통의 메일에는 한 가지 용건을 쓴다

우리는 회의시간을 전달하거나 서류를 보내고 답변을 요청하는 등 여러 가지 용건으로 메일을 보낸다. 그러나 수신자가 같다는 이유로 한 통의 메일에 여러 개의 용건을 적어 보내면 상대를 난처하게 만들 수 있다.

한 메일에 여러 개의 용건이 쓰여 있으면 상대는 어느 건에 대답했고 어느 건에 대답하지 않았는지, 어느 건이 다 처리되었고 어느 건이 보류 상태인지 헷갈릴 수 있다. 그러면 오히려 답장이 늦어진다. 물론 하루에 보내야 할 메일이 너무 많아서 부득이하게 여러 용건을 한 메일에 적어 보낼 수도 있다. 그럴 때는 용건별로 번호를 붙여서 상대방에게 여러 개의 용건이 있음을 알려주자. 한 통의 메일에는 한 가지 용건이 기본이다.


## 받은 메일은 즉시 답장한다

메일을 확인했으면 바로 답장하자. 한 번 뒤로 미루다 보면 반복되어 메일이 산더미처럼 쌓이게 된다.

답장은 재빨리 단시간에 하자. 개인적으로 보내는 편지와 달리 메일 내용의 대부분은 사무적인 연락이다. 그러므로 인사말도 정형화된 문구면 된다. 익숙해지면 속도가 더욱 빨라질 것이다. 상대방에 따라서 우선순위를 정하기보다는 받은 순서대로 답장하는 편이 더 빠르다. 그리고 우선순위를 정하면 답장 자체를 잊어버릴 우려가 있다.

즉시 답장하지 않아도 되는 것은 깊이 생각해야 하는 중요한 내용이 있는 메일이다. 이런 메일은 시간을 두고 신중히 검토한 뒤 답장을 보내자.

**시간 지정 기능을 이용해 심야나 이른 아침을 피해 메일을 보낸다**

24시간 언제든지 주고받을 수 있는 메일이지만 발신시간도 신경을 쓰자. 요즘에는 업무상 메일을 자신의 스마트폰으로 확인할 수 있게 설정한 사람이 많다. 그러므로 심야나 이른 아침에 보내는 메일은 민폐가 될 수도 있다.

물론 상대방과 어느 정도 교류가 있는지에 따라서 다르지만, 업무 메일은 상대 회사의 근무시간 내에 보내는 것이 예의다. 나는 열심히 일해서 지금(밤늦게) 이 일을 끝냈고 내일 아침에는 출장 준비로 허둥댈 수도 있으니 당장 보내야겠다는 경우도 있으리라.

그럴 때는 '발송 예약' 기능을 사용하자. 발송일과 시각을 선택하기만 하면 된다.

## 메일을 발송할 때 수신 확인에 대한 답장을 요청한다

메일을 보냈다고 해서 안심하면 안 된다. 전화는 실시간 양방향 소통이지만 메일은 일방통행이다. 상대방이 메일을 열어보지 않거나 어떤 착오가 있어서 스팸메일함으로 들어갈 수도 있다.

그러므로 바쁠 때나 중요한 안건일수록 확인 작업을 게을리하지 말자. 중요한 메일에는 '이 메일을 읽으셨으면 읽었다는 답장을 부탁드립니다'라고 덧붙이면 된다.

답장이 오지 않는다면 늦어도 기일 며칠 전까지는 연락하도록 하자. 멍하니 있다가 기일 당일에 허둥지둥 연락해봤자 아무 소용이 없다. 아예 전화를 하는 것도 확실한 방법이다.


## 미대응·처리 중인 메일은 읽지 않은 상태로 돌려놓는다

받은 메일은 내용을 확인하고 곧바로 답장하는 것이 기본이지만, 메일 중에는 내용을 확인해도 곧바로 답장할 수 없는 것도 있다. 상사의 판단이 필요한 메일은 답장을 보류해야 하며 자신의 판단으로 뒤로 미루는 메일도 있다. 이때 '읽은 메일' 상태가 되어있으면 이미 처리한 다른 메일과 함께 묻혀서 깜빡 잊어버릴 수도 있다.

그러므로 이미 읽었지만 아직 답장하지 않았거나 처리하지 않은 메일은 '읽지 않은 메일' 상태로 돌려놓자. 그렇게 하면 받은 메일함에서 굵은 글씨로 표시되므로 쉽게 파악할 수 있고 우선순위를 정하기도 쉽다.

## 신속한 대응을 원한다면 메일 제목에 용건을 쓴다

업무 메일을 보냈지만 좀처럼 답변이 오지 않아 초조해했던 경험은 누구나 있으리라. 상대방도 바쁠 테고 받은 메일함에 수십 통의 메일이 들어와서 내 메일을 미처 읽지 못했을지도 모른다. 조금이라도 빨리 확인이나 답변을 받고 싶다면 눈에 띄는 메일 제목을 붙이자.

제목이 '일전에는 감사했습니다'나 '잘 부탁드립니다'인 메일은 어떤 용건인지 알 수가 없어서 뒤로 밀릴 수 있다. 그러므로 '오늘 회의 건입니다', '오전 중에 확인이 필요한 기획서입니다' 등 급한 건이라는 것과 본문 요약 내용을 제목에 넣으면 된다. 재촉하는 것 같아서 실례가 되지는 않을까 염려된다면 본문에서 서두르는 이유를 설명하자. 중언부언하지 않고 간단명료하게 설명하면 된다.

## 파일은 '첨부'라고 입력했을 때 첨부한다

메일에 파일을 첨부하여 보낼 때 하기 쉬운 실수가 파일 첨부하는 것을 깜빡하고 그대로 보내는 것이다. 그러면 상대방에게 '첨부파일이 없다'는 지적을 받고서야 허둥지둥 사과하며 다시 보내게 된다. 양쪽 다 불필요한 시간을 허비한 셈이다.

이런 실수를 하는 것은 메일의 본문을 입력하는 데 정신이 팔려서 맨 마지막에 파일을 첨부하기 때문이다. 파일은 이미 다 만들었고 본문도 다 썼으니 안심하고 그대로 '보내기' 버튼을 누르는 것이다.

파일 첨부를 잊지 않으려면 메일 본문에 '첨부합니다'라고 입력한 순간에 파일을 첨부하자. 어느 시점에 첨부하든 번거롭기는 마찬가지며, 이 습관을 들이면 간단한 일이다.


## 메일에 첨부파일이 있을 때는 '보냅니다'가 아닌 '첨부합니다'라고 쓴다

서류나 데이터를 메일에 첨부하면 시간과 노력이 절감된다. 그럴 때는 본문에 '서류를 보냅니다'가 아닌 '첨부하여 보냅니다'라고 쓰는 것이 좋다.

'보냅니다'라고 쓰면 상대방이 첨부파일을 알아차리지 못하고 우편이나 팩스로 보냈다고 착각할 수도 있기 때문이다. 또

'첨부하여'라고 쓰면 만일 당신이 파일 첨부를 잊었을 경우에도 상대방이 금방 알아차린다. 참고로 구글이 운영하는 지메일의 경우 '첨부한다', '첨부합니다' 등 문구가 본문에 쓰인 상태에서 아무것도 첨부하지 않고 보내기 버튼을 누르면 경고문이 표시된다.

## 메일을 확인하고 처리하는 시간을 정한다

메일 처리를 소홀히 해서는 안 되지만 시도 때도 없이 밀려드는 메일을 그때마다 확인하면 하던 일이 중단되고 다시 일을 시작해도 쉽게 발동이 걸리지 않는다. 그런 상황을 개선하고 싶다면 메일을 확인하고 처리하는 시간을 정한 뒤 그 외의 시간에는 메일함을 열지 않도록 하면 된다.

긴급 메일이나 서둘러 답변을 해야 하는 사안은 사실 그렇게 많지 않다. 그런 메일이 있다고 해도 제목이나 발신자명으로 판별할 수 있다. 그리고 메일에는 비슷한 내용이 많으므로 여러 통의 메일에 일괄적으로 '잘 알겠습니다'라고 입력하면 끝나는 것도 있다. 그러므로 규칙을 정해서 메일을 처리하면 시간을 효율적으로 쓸 수 있다.

## 불필요한 공통 메일을 줄인다

직장인은 매일 많은 메일을 처리하느라 시간을 보낸다. 그러나 자신의 메일 주소가 '참조'란에 들어있는 메일은 단순한 경과 보고이거나 직접적인 관련이 없는 일도 많다. 그래도 '만약 중요한 정보가 쓰여 있다면 나만 소외될지도 몰라'라며 일일이 열어서 확인하게 된다. 메일을 처리하는 데 들이는 시간을 줄이려면 이렇게 필요 없는 공통 메일을 없애야 한다.

혹시 필요 없는 사람에게도 공통 메일을 보내는 습관이 있지는 않은가? 또 많은 사람에게 보냈으니까 충분히 보고했다고 마음을 놓고 있지는 않은가? 이런 낭비는 개인의 노력만으로는 개선되지 않는다. 사내 또는 부서 차원에서 논의하여 불필요한 공통 메일을 줄이는 규정을 만들자.


### 여러 명에게 같은 메일을 보낼 때는 바꿀 내용을 '●'로 표시한다

같은 내용의 메일을 여러 사람에게 보낼 경우, 처음에 쓴 메일 내용을 복사하여 붙이지 않도록 하자.

받는 사람의 이름이나 숫자 등을 수정하지 않고 그대로 보낼 위험이 있기 때문이다.

이럴 때는 메일 템플릿을 만들어두자. 그러면 여러 사람에

게 보내는 메일뿐 아니라 정기적으로 보내는 메일에도 활용할
수 있다. 다만 이름, 날짜, 장소, 시간 등 보내는 메일마다 내용
을 바꿔야 하는 부분은 '●' 등 눈에 띄는 특수문자로 표시해
두어 실수를 방지하자.

### 전체 답장을 하는 습관을 들인다

당신의 주소가 '참조'에 들어있는 메일에는 관계자 전원이 정
보를 공유하기 원한다는 발신자의 의도가 있으므로 '전원에게
답장'하는 것이 원칙이다. 하지만 어쩌다 보니 발신자에게만 답
장하는 경우가 있다.

이런 실수를 없애려면 한 명에게 답장하는 메일도 항상 '전
체 답장' 버튼을 눌러서 보내는 습관을 들이면 된다.

또 '참조'란에 3명 이상의 주소가 있는 경우, 메일의 첫머리
에는 발신자의 이름만 기재하고 그 외는 '참조 : 관계자 여러
분'이라고 써도 괜찮다.

### 사내 메일에는 상투적인 인사말을 생략한다

사내 메일을 쓸 때 외부 메일을 쓸 때처럼 정중한 말투로 쓰는
것은 시간 낭비다.

사내용 메일은 무조건 단순하고 간략하게 써야 한다. 읽는 이의 부담을 덜어주도록 재빨리 요점이 전해지는 내용으로 쓰는 것이 중요하다.

예를 들어, 사내 메일에는 '수고하십니다'라는 문구는 생략해도 된다. 최대한 상투적인 인사말이나 지나치게 정중한 표현을 생략하도록 의식하자. 그리고 그 시간을 외부 메일을 보낼때 실수하지 않도록 확인하는 시간으로 돌릴 것을 권한다.

## 엉뚱한 사람에게 보내지 않도록 지난 메일에 답장한다

주소록이나 최근 사용한 주소 기능을 이용하여 메일을 보내면 비슷한 이름이 여러 개 있을 경우 엉뚱한 사람에게 메일을 보내는 일이 의외로 많다.

메일을 원하는 사람에게 정확하게 보내고 싶다면 받은 메일함에서 그 사람이 과거에 보낸 메일을 검색하여 그 메일에 답장하면 된다. 또는 과거의 메일 서명에 기재된 주소를 클릭하여 새로운 메일을 작성하는 것도 방법이다.

## '참조'나 '숨은 참조'로 오는 메일에는 답장하지 않는다

받은 메일들 중 답장이 필요한 메일을 선별하면 업무를 효율화할 수 있다. 이때 선별 기준은 당신의 메일 주소가 '받는 사람', '참조', '숨은 참조' 중 어디에 있느냐다.

먼저 받는 사람이 당신 하나라면 당연히 답장해야 한다. 한편 정보 공유 차원에서 참조나 숨은 참조로 받은 메일이라면 원칙적으로 답장할 의무가 없다.

예외적으로 숨은 참조는 일부러 나에게 보낸다는 점을 비밀로 하고 보냈을 수도 있으므로 재빨리 내용을 확인한다. 그러나 참조는 필요 없는 정보도 보내오므로 제목을 보고 내용을 확인할지 여부를 결정한다.

## 메일에 답장할 때는 서명을 지우지 않는다

메일에 답장할 때 서명을 지워야 할까 아니면 남겨둬야 할까? 의견이 분분하지만 업무상 보내는 메일에는 서명을 지우지 않는 것이 좋다.

예를 들어, 상대방이 당신의 전화번호나 주소를 검색할 경우, 특히 외부에 있을 때는 가장 먼저 확인하는 것이 메일 이력이다. 거기에 서명이 기재되어 있지 않으면 아주 귀찮은 사태가 된다. 요즘 메일의 서명은 명함 대신이나 마찬가지다. 상대방의 수고를 덜어줄 뿐 아니라 서명을 지우는 수고도 덜 수 있으므로 서명을 남겨둔 채 보내는 편이 현명하다.


## 약속 등의 일정을 메일로 전달할 때는 요일도 함께 적는다

비즈니스를 할 때 절대 하면 안 되는 것이 약속 날짜를 틀리는 것이다. 단 한 번만 이런 일이 있어도 평판이 곤두박질치고 여간해서는 만회할 기회가 오지 않는다.

메일로 일정을 정할 때는 ○월 ○일이라는 날짜뿐 아니라 반드시 요일도 함께 적자. 그렇게 하면 요일을 확인하기 위해 달력을 다시 한 번 보게 되므로 만일 날짜를 착각해도 빨리 알아차릴 수 있다.

상대방이 '○월 ○일에 오시면 됩니다'라고 했을 경우에도 마찬가지로 '네, ○월 ○일 ○요일 말씀이지요'라고 은근슬쩍 확인하면 된다. 이렇게 하면 만약 상대방이 착각했을 때도 재빨리 바로잡을 수 있다.

전화로 약속을 할 경우에도 반드시 날짜와 요일을 함께 전달하자.


## 메일을 음성으로 입력한다

메일을 쓰지 않고 음성으로 입력하면 시간과 품을 크게 줄일 수 있다. 스마트폰의 음성입력 기능을 활용하면 된다.

사용법은 무척 간단하다. 문자 입력용 키보드에 표시된 마이크 버튼을 누르고 스마트폰을 향해 말하기만 하면 문장이 입력된다. 오타가 있을 경우에는 수정한 다음 보내기 버튼을 누르면 끝이다.

최근에는 스마트폰의 음성입력 정확도가 비약적으로 발전하여 오타가 날 확률이 상당히 줄었다. 또한 빨리 말해도 발음만 분명하면 잘 인식되므로 사용법을 숙지하면 신호를 기다리는 30초 안에 문서를 작성하고 메일을 보낼 수 있다.

# 업무에 도움이 되는
## 앱·프로그램 사용법

**에버노트로 정보를 한꺼번에 관리한다**

업무상 사용하는 메모를 비롯해 사진이나 음성 데이터, 인터넷에서 발견한 유용한 사이트 등의 정보를 한꺼번에 관리하여 곧바로 활용할 수 없을까? 그럴 때 강력한 무기가 되어주는 것이 에버노트다.

에버노트는 쉽게 말해 메모장과 스크랩북 기능을 갖춘 앱이다. 생각난 내용을 텍스트로 보관할 수 있을 뿐 아니라 기억하고 싶은 정보를 전부 집어넣을 수 있다.

장소에 구애받지 않고 어디서나 이용할 수 있으므로 사무실에서 수집한 데이터를 외출해서 활용할 때도 아주 편리하다.

## 사내 소통은 메일 대신 메신저로 신속하게 한다

메일은 얼굴을 마주하지 않고도 소통할 수 있는 편리한 도구이지만, 메일을 주고받아야 하는 수고가 필요하다. 더 단시간에 용건을 해결하고 싶다면 메신저를 활용하자.

메신저는 대화 형식이므로 상투적인 인사말이 필요 없고 곧장 본론에 들어갈 수 있다. 특히 예스, 노를 확인하기만 하면 되는 연락을 할 때 최적화되어 있으며, 자신이 보낸 메시지를 상대방이 읽었는지 알 수 있으므로 아무래도 빠른 답변을 받을 수 있다.

다만 캐주얼한 분위기가 되므로 윗사람이나 거래처 고객을 상대로 사용하기에는 다소 부적합한 면이 있다. 비슷한 직급의 동료나 거래처 중에서도 친한 사람과 연락을 할 때 사용하면 메일 처리에 허비하는 시간을 훨씬 줄일 수 있다.

## 환승 경로를 스마트폰으로 찍어둔다

처음으로 방문하는 거래처를 갈 때는 인터넷으로 경로를 미리 검색하여 어디서 환승하면 될지도 확인하기 마련이다. 이제 준비가 끝났다고 생각했지만 가는 도중에 헷갈려서 다시 인터넷으로 검색해야 할 경우가 있다.

그런 상황을 피하려면 처음에 경로 검색을 할 때 지도나 환승 안내 화면을 스마트폰으로 찍어두자. 그러면 한 번 검색한 결과를 즉시 볼 수 있으므로 처음부터 다시 검색해야 하는 수고와 시간을 덜 수 있다.

외근하는 곳이 교외라면 대중교통이 자주 오지 않는다는 것을 염두에 두고 시간표를 찍어서 대기시간을 줄이자.

일을 마치고 무사히 회사에 돌아오면 그 정보를 삭제해도 될까? 그렇지 않다. 환승 안내 내용을 보면 교통비를 한눈에 파악할 수 있어서 경비 정산을 할 때 도움이 되니 당분간은 저장해놓자.

**불필요한 소프트웨어를 삭제하여 컴퓨터 속도를 높인다**

한시라도 빨리 일을 시작하고 싶은데 컴퓨터 부팅 속도가 늦으면 짜증이 나기 마련이다. 이것은 내부 소프트웨어가 원인인 경우가 많다.

컴퓨터를 켜면 바탕화면에는 표시되어 있지 않은 여러 프로그램이 구동되어 시간이 걸리는 것이다. 모든 프로그램이 필요하지는 않을 것이므로 불필요한 프로그램은 삭제하거나 꺼두자. 그러면 시작 속도와 전반적인 속도가 훨씬 빨라진다.

시작 폴더나 설정에 들어가 로그인할 때 시작되도록 설정된 프로그램들이 필요한지 확인하고 필요 없는 것은 '켬'을 '끔'으로 바꾸면 된다. 또 바탕화면의 바로가기 아이콘도 속도를 떨어뜨리는 요인이 되므로 필요 없는 것은 삭제하여 속도를 높이자.

## 워드 대신 텍스트 에디터를 사용한다

많은 사람이 마이크로소프트 워드로 문장을 작성한다. 그런데 텍스트 에디터를 사용하면 워드를 사용할 때보다 더 효율적으로 작업할 수 있다.

텍스트 에디터는 문서를 편집하는 데 특화된 소프트웨어로 메리Mery나 아톰Atom 등이 유명하다. 문서를 보기 좋게 장식할 수는 없지만 소프트웨어가 가볍고 빨라서 치환이나 검색을 신속하게 할 수 있다. 또한 워드는 대응하는 프로그램이 없으면 열 수 없지만 텍스트 에디터는 대부분의 OS와 환경에서 열 수 있으므로, 스마트폰과 태블릿으로도 쉽게 문서를 불러올 수 있다.

## 메일함을 비망록이나 개인 수첩처럼 활용한다

업무상 주고받은 메일을 분류하여 폴더에 넣어두면 '비망록'이나 '개인 수첩'처럼 활용할 수 있다.

원래 메일은 자동적으로 이력이 남으므로 인물별로 폴더를 만들어 받은 메일과 보낸 메일을 그 폴더에 이동하게끔 설정하면 쉽게 정리할 수 있다. 일일이 적을 필요도 없고 '그 건은 어떻게 되었더라?' 하고 나중에 검색하거나 자신이 어떻게 대응했는지 확인하는 것도 간단하다.

물론 전화로 한 연락은 기록에 남지 않는다. 이 경우 전화를 마치자마자 내용을 간략하게 써서 자신에게 메일을 보낸 다음, 인물별 폴더로 옮기면 된다.


## 워드나 엑셀 등 범용 소프트웨어의 전문가가 되려 하지 않는다

사무실에는 워드나 엑셀을 비롯한 다양한 범용 소프트웨어가 쓰인다. 이것들은 비즈니스에서 없어서는 안 되는 존재다. 그러나 그런 소프트웨어의 전문가가 되려고 애쓸 필요는 없다.

이렇게 말하면 왜 그러냐고 고개를 갸웃하는 사람이 많을 것이다. 소프트웨어를 능숙하게 사용하며 업무를 하고 상사나 선배에게 도움이 되는 것이 왜 좋지 않다는 말인가? 하지만 자신을 그 방면의 전문가라고 생각하면 사소한 부분까지 신경을 쓰느라 일의 속도가 늦어지거나 상대적으로 다른 업무에 대한 열의가 식어서 일의 전체상을 보지 못할 수도 있다.

다른 사람에게 도움이 된다고 생각하겠지만 실은 이용당하는 것뿐인지도 모른다. 범용 소프트웨어는 업무상 필요한 도구이지 일 자체가 아니라는 점을 명심하자.

## 불필요한 앱을 삭제한다

컴퓨터의 메모리나 하드디스크의 용량에는 한계가 있다. 남은 용량이 적어지면 작동이 느려지므로 업무 효율이 떨어질 가능성이 크다. 그러므로 쾌적하게 컴퓨터를 사용할 수 있도록 불필요한 앱을 삭제하자.

특히 컴퓨터에는 여러 가지 대용량 앱이 초기에 설치되어 있다. 그중에서 필요 없는 앱이 있다면 즉시 삭제하자.

삭제할 때는 다른 앱에 영향을 미치지는 않는지 충분히 확인하고 나서 실행해야 한다.

# 시간을 단축하는 스마트폰 활용법

**외출 시 음성 검색을 활용한다**

외출 중에 조사해야 할 일이 생겼다. 버스나 지하철을 타고 있다면 그 자리에서 검색하면 되지만, 그게 아니면 어딘가에 들르거나 멈춰서서 검색해야 하는데 사실 일분일초가 아깝다. 그럴 때는 음성 검색 기능이 강력한 아군이 되어준다.

음성 검색은 지속적으로 정확도가 개선되고 있다. 큰 소리를 내거나 일일이 끊어서 발음하지 않아도 인식이 잘 되는 편이다. 저도 모르게 나오는 '음', '저기', '그리고' 같은 불필요한 말을 무시하고 방언에도 대응하는 기능이 있어서 편리하다. 걸으면서 쓸 수 있으므로 전화로 다른 사람과 통화하는 척하며 자연스럽게 검색할 수 있다.

## 앱은 사용 빈도 순으로 정리한다

필요해서 설치한 앱이지만 그 때문에 스마트폰의 사용감이 떨어지는 경우가 있다. 앱이 너무 많아서 당장 필요한 앱을 찾기 힘들 때가 그렇다.

이처럼 많은 앱이 설치되어 있을 때 정리하는 비결은 아주 단순하다. 화면의 가장 아랫부분부터 자신이 사용하는 빈도가 높은 순으로 배열하는 것이다. 아랫부분부터 배열하는 이유는 스마트폰을 손에 들고 있을 때 엄지손가락이 쉽게 닿는 위치이기 때문이다.

목적별로 폴더를 만들어서 정리하는 사람도 있지만 그러면 한 폴더에 자주 쓰는 앱과 쓰지 않는 앱이 혼재하여 정리 효율이 떨어진다. 또 비슷한 기능의 앱을 여러 개 설치하는 사람도 있는데 이것만 삭제해도 화면이 깔끔해져서 훨씬 편하게 사용할 수 있다.

## 첫 번째 화면에 업무용 앱을 배치한다

스마트폰을 쾌적하게 사용하려면 홈 화면을 정리해야 한다. 설치되어 있지만 사용하지 않는 앱을 없애는 것이 요령이다. 사용 빈도가 낮은 앱은 한꺼번에 폴더에 집어넣자.

또 홈 화면이 몇 페이지나 될 경우에는 같은 종류의 앱은 같은 페이지에 배치하는 것이 사용하기 쉽다. 이때 첫 번째 페이지에 업무용 앱을 배치하면 근무 중에 일일이 스크롤하지 않고도 앱을 사용할 수 있다.

## 빈 용량을 늘린다

스마트폰의 반응 속도가 느려서 스트레스를 받을 때는 빈 용량을 늘려서 사용 환경을 쾌적하게 만들자.

이때 가장 쉽고 빠른 방법은 앱을 삭제하는 것이다. 현재 설치되어 있는 앱을 확인하고 불필요한 앱은 물론이고 별로 사용하지 않는 앱도 과감하게 삭제하자.

또 인터넷 열람 이력 등의 데이터가 누적되어도 스마트폰 용량이 줄어든다. 웹브라우저 열람 이력이나 캐시를 정기적으로 삭제하는 습관을 들이자.

## 자투리시간에 공부할 때 적극 활용한다

우리에게는 지하철을 기다리는 시간 등 자투리시간이 꽤 주어진다. 책상 앞에 앉아 진득이 공부하는 것도 좋지만 짧은 시간 동안 집중하는 것이 더 효과적일 수도 있다. 이때 스마트폰을 이용하면 자투리시간을 효율적으로 보낼 수 있으니 적극적으로 활용하자.

예를 들어 외국어 공부를 하고 싶다면 단어와 예문 암기, 듣기에 스마트폰을 활용할 수 있다. 사전 앱을 비롯해 학습용 앱도 풍부하다. 그뿐 아니라 자격증 시험에 도움이 되는 앱도 많다. 어느 정도 진도가 나갔을 때는 자신이 만든 노트를 촬영하여 언제 어디서든 볼 수 있게 하자.

## 택시요금을 계산해주는 기능을 활용한다

택시를 탈 때는 목적지까지 얼마나 드는지 비용이 신경 쓰이기 마련이다. 특히 심야에는 할증료가 발생하므로 막차를 놓쳤다고 아무 생각 없이 택시를 타기가 부담스럽다. 이럴 때는 택시요금을 간단히 계산해주는 네이버의 '택시요금 계산'을 이용하자.

네이버 창을 열고 '택시요금 계산기'라고 입력하면 요금 검색 화면이 표시된다. 출발지와 도착지를 입력하면 대략적인 요금과 거리가 표시된다. 여기에 통행료 등을 추가하면 택시요금이 된다.

## 더치페이할 때는 앱을 활용한다

회식이나 여러 명이 함께 식사를 할 경우, 보통은 그 모임의 총무 역할을 맡은 사람이 식대를 계산한다. n분의 1로 모두 같은 금액을 낸다면 간단하겠지만, 상사는 조금 더 내고 말단 직원은 조금 덜 내고 몇 원 단위에서 끊고 등 까다로운 조건이 붙으면 딱딱 계산하기가 쉽지 않다. 특히 시끌시끌한 상황에서 술에 취한 사람들을 상대로 돈을 걷어야 할 때는 더욱 그렇다.

이럴 때는 더치페이 앱을 사용하면 상황 종료다. 스마트폰으로 이용할 수 있는 무료 앱이 많으므로 미리 써보고 어느 것이 가장 쓰기 편한지 시험해보자.

Chapter 06

# 지금 당장 시작하자!
# 초고속 컴퓨터 사용법

# 효율적인 컴퓨터 사용법

**새 창 열기**

워드나 엑셀로 새 문서를 작성하려면 보통 화면 윗부분에 있는 '파일' → '새 문서'를 클릭해야 한다.

그러나 'Ctrl+N'을 누르면 한 번에 새 문서 창을 열 수 있다. 이 단축키는 텍스트 문서에서도 사용할 수 있다.

또 구글 크롬, 인터넷 익스플로러를 사용할 때도 'Ctrl+N'을 눌러서 새 창을 열 수 있다.

**인터넷 창이나 탭 닫기**

새 창을 여는 'Ctrl+N' 키의 역할을 반대로 수행하는 것이 'Ctrl+W' 키다. 워드나 텍스트 문서를 닫을 때 보통은 윗부분

나는 왜 항상 시간에 쫓길까

의 '×'나 '파일'에서 '문서 닫기', '메모장 종료'를 클릭하는데 'Ctrl+W'를 누르면 한 번에 문서를 닫을 수 있다. 또 'Ctrl'을 누른 채로 'W'를 계속 누르면 열린 창들이 차례차례 닫힌다.

그 밖에도 구글 크롬이나 인터넷 익스플로러에서 여러 개의 탭을 열어놓았을 경우에 사용하면 열려 있는 탭이 차례차례 닫힌다.

또 프로그램을 종료하려면 'Alt+F4' 키를 누르자. 데이터가 저장되어 있지 않을 경우 저장하겠냐고 확인하는 대화창이 뜨고 저장되었을 경우에는 그대로 종료된다.

### 닫은 브라우저의 탭 다시 열기

브라우저에서 인터넷을 보고 있을 때 탭이 너무 많으면 오히려 원하는 정보가 눈에 잘 들어오지 않는다. 그래서 연속으로 탭을 닫다가 필요한 정보가 있는 탭도 함께 닫힌 적은 없는가? 그럴 때는 'Ctrl+Shift+T'를 누르면 직전에 닫힌 탭이 다시 열린다. 이것도 연속해서 누르면 그만큼 닫힌 탭이 다시 나타난다.

### 찾기/바꾸기

워드와 엑셀, 인터넷을 사용할 때 특정한 키워드나 텍스트를 보고 싶다면 '찾기' 기능을 활용하자.

'Ctrl+F' 키를 누르면 검색창이 뜬다. 여기에 찾고 싶은 키워드나 텍스트를 입력하면 해당하는 단어가 밝은 색으로 표시된다.

'찾기' 기능은 'Ctrl+H'로 불러올 수 있는 '바꾸기' 기능과 함께 기억하면 좋다. 공란에 입력한 문서의 특정 문자를 내가 원하는 다른 문자로 한 번에 찾아서 바꾸어 준다.

## 복사하기/붙이기

인터넷으로 찾은 문장을 복사하여 워드 등에 붙이거나 문장을 다른 파일에 복사할 때 편리한 것이 '복사하기' 기능이다. 마우스로 해당 문장을 드래그하고 오른쪽 클릭을 하면 '복사하기'를 선택할 수 있다.

그런데 이 방법보다는 'Ctrl+C'를 누르는 편이 빠르다. 그런 다음 'Ctrl+V'를 눌러서 원하는 곳에 '붙이기'를 하면 된다.

## 자르기/붙이기

문장이나 파일을 원래 있던 곳에서 완전히 잘라내서 다른 위치에 붙이고 싶을 때, 해당 부분을 드래그한 상태에서 'Ctrl+X'를 누르면 된다.

그리고 마우스로 원하는 위치에서 오른쪽 클릭을 한 다음 '붙이기'를 선택하면 자른 문장이나 파일이 나타난다. 이것을 키보드로 간단히 하고 싶을 때는 'Ctrl+V'를 누른다.

## 파일을 휴지통에 넣지 않고 영구 삭제하기

컴퓨터를 사용하면서 자연스럽게 쌓이는 불필요한 파일을 자주 삭제하지 않으면 컴퓨터의 구동과 처리 속도가 느려진다.

삭제할 때는 파일을 휴지통으로 끌어가거나 파일을 마우스 오른쪽 클릭하여 '삭제'를 누르는 방법이 있다. 그런데 이렇게 하면 파일이 완전히 삭제되지 않고 휴지통에 남는다.

휴지통을 경유하지 않고 한 번에 파일을 완전히 삭제하고 싶다면 파일을 선택한 상태에서 'Shift+Delete'를 누르면 된다.

## 새 폴더 만들기

컴퓨터 폴더는 사용 목적에 따라 파일을 분류하고 정리하는 데 활용된다. 새 폴더를 만들고 싶을 때는 몇 가지 방법이 있다. 원하는 곳에서 'Ctrl+Shift+N'을 누르면 '새 폴더'라는 임시 폴더명이 붙은 아이콘이 생기므로 목적에 따라 폴더명을 입력하면 된다.

또 마우스로도 새 폴더를 만들 수 있다. 원하는 곳에서 오른쪽 클릭을 하여 '새로 만들기' → '폴더'를 선택하면 된다.

## 펑션 키로 다양한 기능을 편리하게 사용하기

노트북의 펑션 키는 보통 'F1'~'F12' 키로 지정되어 있고 이 펑션 키들을 잘 활용하면 컴퓨터의 주요 기능들을 편리하게 사용할 수 있다. 사용법은 'Fn'을 누른 상태에서 'F1'~'F12'를 선택하면 된다.

몇 가지 기능을 살펴보자면, 'F2'를 누르면 화면을 어둡게 하고, 'F3'을 누르면 화면을 밝게 할 수 있다. 'F5'를 누르면 터치패드 기능을 꺼서 터치패드를 잘못 건드려 발생하는 오작동을 방지할 수 있다. 'F7(노트북 기종에 따라 F4인 경우도 있다)'을 누르면 듀얼 모니터를 활성화할 수 있다. 또 'F10(F6인 경우도 있다)'을 누르면 음소거가 되며 볼륨을 키우거나(F8 또는 F12인 경우도 있다) 반대로 볼륨을 줄일 수도(F7 또는 F11인 경우도 있다) 있다.

## 메일 빨리 읽기

본문 내용이 긴 메일을 읽을 때는 마우스를 스크롤하여 화면을 내려야 한다.

이 동작이 번거롭다면 스페이스 키를 활용하자. 메일을 연 상태에서 스페이스 키를 한 번 누를 때마다 한 페이지만큼 화면이 아래쪽으로 내려가므로 재빨리 메일을 읽을 수 있다.

또다시 위로 올라가고 싶다면 'Shift+스페이스'를 누르면 된다. 그 밖에도 'Home' 키로 페이지의 가장 위, 'End' 키로 페이지의 가장 아래로 이동할 수 있다.

### 최근에 연 파일 열기

파일을 어느 폴더에 저장했는지 생각나지 않을 때는 '최근에 연 파일' 기능을 이용하자.

작업줄의 '파일'에서 '열기'를 누르면 '최근 항목'에서 최근에 열었던 문서들이 표시되므로 거기서 찾고 있는 파일을 클릭하면 된다. 엑셀을 비롯해 워드, 파워포인트에도 동일하게 사용할 수 있다.

### 인터넷에서 본 키워드를 신속하게 검색하기

인터넷에서 눈에 띈 키워드를 검색하고 싶을 때 검색창에 키워드를 입력하거나 복사해서 붙이는 것은 별로 효율적이지 않다. 마우스로 키워드를 지정한 다음 오른쪽 클릭을 하면 '○○을 검색'이라는 항목이 나타나는데, 이것을 클릭하면 바로 검색결과가 표시된다.

또 '○○을 검색'을 클릭할 때 'Ctrl'을 함께 누르면 원래 사이트가 남아 있는 상태에서 검색결과가 새 탭에 표시된다.

## 메모장을 열 때마다 시간 기록하기

작업 기록을 남길 때 요긴하게 쓰이는 컴퓨터의 '메모장'에는 편리한 기능이 있다. 작성한 파일의 첫줄에 '.LOG'라고 입력해보자. 그러면 그 파일을 열 때마다 문서의 마지막 줄에 '오후 9:01 2019-01-02'라는 식으로 '연 시각'이 자동적으로 입력되고 그 행 아래로 커서가 이동한다.

또 'F5' 키를 누르면 커서가 있는 위치에 현재 시각이 입력되므로 연 시각을 입력하기 위해 일일이 파일을 열지 않아도 된다.

## 메일 답장 및 전달하기

메일에 답장할 때는 보통 '답장' 버튼을 클릭하지만 키보드로 더 간단히 답장을 할 수 있다. 'Ctrl+R' 키를 누르면 받는 사람의 주소가 들어간 상태의 답장용 메일이 작성된다.

또 도착한 메일을 상대방이 아니라 다른 사람에게 전달하고 싶을 때는 '전달'을 클릭해도 되지만 'Ctrl+F' 키로도 같은 조작을 할 수 있다. 그러면 받는 사람 부분은 공란으로, 제목에는 '전달'을 의미하는 'FW:'가 붙은 상태로 표시된다.

## 인터넷 방문기록 보기

방금 전에 본 웹페이지를 다시 보고 싶을 때 인터넷의 방문기록을 보면 쉽게 찾을 수 있다. 인터넷 익스플로러의 경우 '즐겨찾기'의 '열어본 페이지'에 들어가 '오늘'을 클릭하면 되는데, 실은 주소창에서 'F4' 키를 누르면 최근 열람 기록 목록이 표시된다.

또 며칠 전으로 거슬러 올라가 방문기록을 보고 싶을 경우, 'Ctrl+H'를 누르면 날짜 순으로 목록이 표시된다. 이것은 인터넷 익스플로러뿐 아니라 구글 크롬에서도 쓸 수 있다.

## 메일 작성 및 보내기

아웃룩으로 메일을 작성하고 보낼 때는 마우스가 아니라 단축키로도 실행할 수 있다. 먼저 'Ctrl+N'을 누르면 새로운 메시지가 표시되므로 받는 사람의 주소를 입력한다. 'Tab' 키를 누르면 커서가 다음으로 이동되므로 제목, 내용 순으로 입력하면 된다.

보낼 때는 'Ctrl+Enter'를 누르면 처음에는 대화창이 표시되지만 그 다음부터는 한 번에 메일을 보낼 수 있다.

## 인터넷 즐겨찾기 등록하기

열람 중인 페이지를 즐겨찾기에 추가하려면 브라우저에 따라 순서가 조금씩 다르다. 인터넷 익스플로러의 경우 즐겨찾기에 등록하고 싶은 페이지를 표시한 상태에서 'Ctrl+D'를 누르면 '즐겨찾기 추가'라는 대화창이 열린다. 여기서 '위치 지정'을 하고 '추가'를 클릭한다. 또 추가한 페이지에 접속하고 싶을 때는 'Ctrl+I'를 누르면 화면 오른쪽에 '즐겨찾기 모음'이 표시된다.

한편 구글 크롬의 경우 단축키는 동일하지만 마지막에 '완료'를 클릭해야 한다. 또한 오른쪽 위의 설정에서 '북마크'를 선택하면 즐겨찾기 목록이 표시된다.

# 워드와 엑셀의 편리한 기능

**워드와 엑셀에서 코멘트를 추가하여 보고 누락 방지하기**

우리는 종이 서류를 확인한 뒤 보고 사항을 잊지 않도록 종종 코멘트를 적은 포스트잇을 붙인다. 그런데 워드나 엑셀로도 이렇게 할 수 있다. 신경이 쓰이는 부분을 클릭하여 워드에서는 'Ctrl+Alt+M', 엑셀에서는 'Shift+F2'를 누르면 코멘트를 입력할 수 있다.

또 엑셀의 경우 입력한 코멘트를 함께 인쇄하고 싶을 때는 'Ctrl+P'를 눌러서 '페이지 설정'을 클릭한다. '시트' 탭을 클릭하면 표시되는 '메모' 항목에서 '시트 끝'을 선택하면 된다.

## 워드와 엑셀에서 잘못 덮어쓰기 방지하기

중요한 파일을 실수로 덮어써서 저장하여 원래 파일이 사라지는 일이 있다. 이렇게 '잘못 덮어쓰기'를 방지하려면 파일을 '읽기 전용'으로 설정하는 방법이 효과적이다.

먼저 설정을 변경하고 싶은 파일의 아이콘을 선택한다. 'Alt+Enter' 키로 설정창을 열고 화면 가장 아래에 표시되는 '읽기 전용'란에 체크하면 된다. 그러면 이 파일은 입력과 수정을 하는 것은 가능하지만 '저장' 버튼을 누르면 자동적으로 '다른 이름으로 저장하기'가 되어 덮어쓰기를 할 수 없다.

## 워드와 엑셀에서 저장하지 않고 닫은 데이터 복구하기

워드나 엑셀을 이용하다가 깜빡하고 저장하기를 잊어버린 데이터는 다시 처음부터 만들지 않고도 복구하는 기능을 활용하면 작업하는 수고를 덜 수 있다.

워드나 엑셀은 초기 설정 단계에서 편집 중의 데이터를 10분마다 자동으로 저장하게 되어있다. 이런 자동복구용 데이터는 '파일'의 '정보' 항목에서 확인할 수 있다. 워드는 '문서 관리', 엑셀은 '통합 문서 관리'에서 자동 저장된 시간대가 표시되므로 해당 데이터를 선택하여 '복구'를 클릭하면 된다.

나는 왜 항상 시간에 쫓길까

## 워드와 엑셀의 불필요한 기능 정지하기

워드와 엑셀은 무척 편리한 프로그램이지만 누구나 사용할 수 있도록 하기 위해 지나치게 친절한 기능들도 탑재되어 있다.

예를 들어 영어단어의 머리글자가 자동적으로 대문자로 변환되는 것은 '입력을 자동화하는 기능'에 의한 것인데 불필요하다고 생각한다면 그 기능을 정지하면 된다.

워드, 엑셀 2016의 경우, '파일' 버튼을 클릭하면 표시되는 화면에서 왼쪽 아래에 있는 '옵션'을 클릭한다. 그리고 '언어 교정'에 있는 '자동고침 옵션'을 열고 해당 항목인 '문장의 첫 글자를 대문자로'의 체크를 없애면 된다.


## 워드와 엑셀에서 직전 상태로 되돌리기

문서를 작성하다가 글자를 지워버리거나 중요한 파일을 삭제하는 등 실수를 하는 경우가 있다. 이럴 때 다시 글자를 입력하거나 삭제한 파일을 휴지통에서 꺼내는 등 수동적으로 복구하려면 매우 귀찮다.

잘못된 조작을 취소하고 직전 상태로 돌아가고 싶을 때는 단축키인 'Ctrl+Z'를 사용하자. 두 번 세 번 연속해서 누르면 그만큼 더 뒤로 돌아간다.

## 워드와 엑셀에서 같은 서식 반복하기

폰트나 글자 색깔, 크기와 같은 서식을 통일하면서 작업할 때는 글자를 선택하고 글꼴을 선택하는 등 같은 동작을 계속 반복해야 한다. 그러나 '서식 복사'를 이용하면 직전에 한 서식을 다른 글자에도 적용할 수 있다.

먼저 서식을 복사하고 싶은 글자에 커서를 놓고 '홈'의 '서식 복사'를 클릭한 다음 그 서식을 적용하고 싶은 글자를 지정하면 된다.

이것은 글자뿐 아니라 그림이나 셀에도 가능하지만 도중에 다른 조작을 하면 안 된다는 점에 주의하자.


## 워드와 엑셀 파일을 즉시 메일에 첨부하기

워드나 엑셀로 작성한 문서를 메일에 첨부하는 방법은 몇 가지가 있다. 예를 들어 아웃룩 2016의 경우, 메일을 새로 작성하여 '파일 첨부'를 클릭하거나 첨부하고 싶은 파일을 마우스로 끌어와서 메일로 이동시키면 자동적으로 파일이 첨부된다.

또한 파일을 즉시 메일에 첨부하고 싶을 때는 파일을 연 상태에서 'Alt' 키를 누르고 'F → D → E → A' 키를 순서대로 누르는 고급 기술도 있다.

## 워드에서 문장 맞춤법 검사하기

워드에는 문장의 맞춤법을 검사해주는 교정 기능이 탑재되어 있다. 문장을 입력한 단계에서 'F7'을 누르면 된다. 화면 오른쪽에 맞춤법 검사라는 창이 표시되므로 입력을 수정하거나 수정 후보를 클릭하여 '모두 변경'시킬 수 있다.

또 워드에 문장을 입력할 때 오자나 문법상 오류가 있는 경우에는 빨간색 물결선, 표기가 통일되어 있지 않은 경우에는 녹색 물결선으로 표시된다.

## 워드에서 무작위 텍스트 생성하기

급하게 워드에서 무작위 텍스트를 입력해야 할 때 쓸 수 있는 편리한 명령어를 알아보자. 문서 화면을 연 다음 '=Rand()'라고 입력하고 'Enter' 키를 치면 무작위 텍스트가 나타난다.

텍스트 내용은 워드 버전에 따라 차이가 나며 '=Rand(단락의 수, 각 단락을 구성하는 문장의 수)'를 입력하여 설정할 수도 있다.

예를 들어 한 단락이 3개의 문장으로 구성된 5단락을 만들고 싶다면 '=Rand(5,3)'이라고 입력하면 된다.

## 워드에서 저작권 기호나 상표 기호 입력하기

워드에서 저작권 기호나 상표 기호를 입력해야 할 때는 어떻게 해야 할까?

저작권 기호인 'ⓒ'를 표시할 경우 '삽입' 탭에 있는 '기호와 특수문자'의 기능을 이용하면 된다. 또 'Ctrl+Alt+C'를 누르면 한 번에 입력할 수 있다.

또 상표 기호인 '™'은 'Ctrl+Alt+T'를, 미국상표법으로 규정된 등록 기호인 'Ⓡ'은 'Ctrl+Alt+R'을 누르면 입력할 수 있다.

## 워드에서 서식만 복사하기

글자의 폰트와 색깔, 크기 등의 서식을 변경할 때는 글자를 선택하고 '글꼴'에서 '글꼴 색'과 '크기'를 변경하면 된다. 그러나 서식을 변경하고 싶은 글자 수만큼 이 과정을 반복하려면 꽤 시간이 걸린다. 이럴 때는 '서식 복사' 기능을 활용하자.

서식이 설정된 글자를 선택하고 'Ctrl+Shift+C'를 누르면 서식만 복사된다. 그리고 서식을 변경하고 싶은 글자를 선택하여 'Ctrl+Shift+V'를 누르면 된다.

### 워드에서 마우스를 이용하여 단어와 단락 선택하기

단어, 단락을 선택할 때 드래그 조작이 아닌 마우스를 이용한 클릭만으로 간단하게 할 수 있다.

먼저 단어를 선택하고 싶을 때는 원하는 글자에 커서를 놓고 더블클릭을 하자. 그러면 지정한 단어만 선택된다.

단락을 선택하고 싶을 때는 원하는 단락 내에 커서를 놓고 세 번 클릭하면 된다.

### 워드에서 글자 굵게 표시하기/기울임꼴 만들기/밑줄 추가하기

워드에서는 글자를 굵게 하거나 기울임꼴, 밑줄 등으로 꾸밀 수가 있다. 꾸미고 싶은 글자를 마우스로 범위 지정을 하면 리본 메뉴가 표시된다. 여기서 그림을 보고 글자를 굵게 하거나 기울이거나 밑줄을 그을 수 있다.

단축키를 이용하여 실행하고 싶을 때는 먼저 글자를 선택하고, 폰트를 굵게 하려면 'Ctrl+B', 기울임꼴로 바꾸려면 'Ctrl+I', 밑줄을 그으려면 'Ctrl+U'를 누르면 된다.

### 워드에서 글꼴 크기 확대/축소하기

글꼴 크기를 확대하거나 축소하려면 글자를 마우스로 범위 지정을 하고 글꼴 크기를 바꿀 수 있는 작은 창에서 변경하면 된다.

그런데 단축키를 이용하면 일일이 커서를 이동하며 수치를 변경하지 않아도 된다.

글자를 선택한 상태에서 'Ctrl+Shift'를 누르고 '.'를 치면 글자가 점점 커진다. 반대로 'Ctrl+Shift+,'를 누르면 점점 글자가 작아진다.

## 워드에서 문장 정렬 지정하기

워드에서 텍스트를 입력할 경우, 아무것도 설정하지 않은 상태에서는 단락 맞춤이 '양쪽 맞춤'으로 설정되어 있다. 이것을 '가운데 맞춤'이나 '왼쪽 맞춤'으로 변경하고 싶을 때는 변경할 곳을 범위 지정한 후 홈 탭에 있는 '단락'에서 원하는 맞춤을 선택하면 된다.

이 일련의 동작을 더 빨리 실행할 수 있는 단축키도 있다. 가운데 맞춤은 'Ctrl+E', 오른쪽 맞춤은 'Ctrl+R', 왼쪽 맞춤은 'Ctrl+L', 양쪽 맞춤은 'Ctrl+J', 균등 분할은 'Ctrl+Shift+J'를 누르면 된다.

**워드의 개요 기능으로 문서의 구성을 한눈에 확인하기**

읽기 쉽고 요점이 잘 정리된 문서를 쓰도록 도와주는 것이 워드의 '개요'다.

이 기능을 이용하면 입력한 문장이 개요 번호가 매겨진 상태로 표시되어 각 항목의 순서를 자유롭게 바꿀 수 있다. 또한 수준을 설정하여 키워드를 그룹화할 수 있으므로 문서의 구성을 한눈에 확인할 수 있다.

실제로 사용할 때는 생각나는 대로 키워드를 열거해보자. 그 뒤 개요 표시를 하고 키워드를 정리·분류하거나 상하관계를 만들면 문서의 대략적인 골격을 단시간에 완성할 수 있다.


**엑셀에서 A1 셀로 한 번에 이동하기**

엑셀에서 표를 작성할 때 'A1' 셀로 이동하고 싶으면 스크롤바를 움직이거나 마우스 휠을 움직여야 한다. 또는 리본 메뉴 아래에 있는 '이름 상자'에 'A1'이라고 입력하고 'Enter' 키를 눌러도 된다.

그런데 더 빨리 한 번에 이동하고 싶을 때는 'Ctrl+Home' 키를 누르면 된다. 또한 'Ctrl+←'를 누르면 가장 왼쪽 셀, 'Ctrl+→'를 누르면 가장 오른쪽 셀로 이동한다.

## 엑셀에서 오늘 날짜/현재 시간 삽입하기

엑셀을 이용하여 표나 기획서를 만든 다음 '오늘 날짜'를 기록 하는 데 편리한 단축키가 'Ctrl+;'이다. 날짜를 삽입하고 싶은 셀을 선택하고 이 키를 누르면 오늘의 날짜가 입력된다.

또 'Ctrl+:'을 누르면 현재 시간을 삽입할 수 있다. 'Ctrl+;'에 이어서 스페이스, 'Ctrl+:'을 누르면 오늘의 날짜와 현재 시간을 입력할 수 있다.

단, 이렇게 하면 파일을 열 때마다 현재 날짜와 시간으로 변 경된다. 날짜가 변경되지 않게 하려면 직접 입력하는 편이 낫다.

## 엑셀에서 열이나 행을 삭제/삽입하기

엑셀에서 열이나 행을 삭제하거나 삽입하려면 몇 가지 방법이 있다. 보통은 '홈' 탭에 있는 '삭제'나 '삽입'을 클릭하거나 삭제 하거나 삽입하고 싶은 열이나 행에서 오른쪽 클릭하여 표시된 메뉴에서 선택하면 된다.

하지만 이런 조작은 단축키로 실행할 수도 있다. 셀을 선택 한 뒤 'Ctrl+-'를 누르면 된다. 그러면 '삭제' 메뉴가 표시되고 원 하는 처리 내용을 선택한 뒤 '확인'을 누르면 된다.

또 행이나 열을 선택한 상태에서 같은 동작을 하면 메뉴가 표시되지 않은 상태에서 삭제와 삽입을 할 수 있다.

## 엑셀에서 셀 추적 기능으로 계산 실수 방지하기

엑셀에서 수식에 오류가 있으면 계산을 다시 해야 한다. 보통
은 확인하고 싶은 셀을 선택하여 'F2' 키를 눌러서 수식에 오
류가 없는지 확인하는데 그보다 더 편리한 것이 '참조되는 셀
추적' 기능이다.

셀 추적이란 어느 계산이 어느 셀을 참조하고 있는지를 화
살표로 보여주는 계산 확인 기능이다. 'F2' 키로는 한 셀의 계
산식밖에 확인할 수 없지만 '셀 추적'은 여러 개의 셀 계산을
동시에 확인할 수 있으므로 계산 실수를 찾기 쉬운 것이 가장
큰 이점이다. '수식'에서 '참조되는 셀 추적' 또는 '참조하는 셀
추적'을 클릭하면 된다.

## 엑셀의 워크시트를 최대한 활용하기

여러 개의 워크시트를 하나의 파일로 정리할 수 있다는 것이
엑셀의 가장 큰 특징이다.

예를 들어 어느 상품에 관한 설문 조사 응답 문서를 정리할
경우, 워드에서는 별도의 파일로 저장해야 한다. 그러나 엑셀은

워크시트를 활용하여 하나의 파일에 전부 정리할 수 있으므로 같은 서식의 대량의 문서를 효율적으로 관리할 수 있다.

또 워크시트에 각각 이름을 붙임으로써 문서를 보기 좋게 정리할 수 있다는 점도 매력적이다.

## 엑셀에서 표를 신속하게 선택하기

엑셀 표를 선택할 때 단축키를 활용하면 신속하게 작업할 수 있다. 먼저 표 전체를 선택하고 싶을 때는 표의 가장 왼쪽 위의 셀을 선택하면서 'Ctrl+*' 키를 누르면 화면보다 더 큰 표도 전부 선택된다. 다만 표에 빈 행이나 열이 있을 경우, 선택 범위가 끊어진다. 빈 행이나 열도 포함하여 표 전체를 선택하고 싶을 때는 'Ctrl+Shift+End' 키를 이용하자.

또 'Ctrl+Shift'를 누른 상태에서 '↑', '↓', '→', '←' 중 하나를 누르면 각 방향으로 지정한 셀보다 앞에 있는 셀을 전부 선택할 수 있다.

## 엑셀에서 셀 읽어주기 기능으로 내용 확인하기

엑셀의 편리한 '셀 읽어주기' 기능을 활용하여 눈과 귀로 내용을 이중 확인하자.

화면 윗부분에 있는 '파일'에서 '옵션'을 선택하고 '빠른 실행 도구 모음'을 클릭한 다음 '모든 명령'을 클릭하여 표시되는 명령 중 '셀 읽어주기'를 선택하고 '추가' → '확인'을 누르면 '셀 읽어주기'가 설정된다.

셀 읽어주기 기능을 실행할 때는 '빠른 실행 도구 모음'에 있는 '셀 읽어주기'를 클릭하면 지정한 셀 내의 데이터를 읽어준다.

## 엑셀에서 다음에 입력할 셀의 위치에 따라 단축키 사용하기

가로 세로 등 여러 방향으로 데이터를 입력하는 엑셀에서는 다음에 입력할 셀의 위치에 따라 단축키를 다르게 사용함으로써 작업 효율을 높일 수 있다.

예를 들어 데이터를 입력하고 'Enter'를 누르면 아래쪽 셀로 이동하지만 반대로 위쪽 셀로 이동하고 싶다면 'Shift+Enter'를 누르면 된다. 또 오른쪽 셀로 이동하려면 'Tab'을, 왼쪽 셀로 이동하려면 'Shift+Tab'을 누르면 된다.

## 엑셀에서 자동 입력 기능을 이용하여 숫자나 문자 연속으로 입력하기

엑셀에서 숫자나 문자를 연속으로 입력할 때는 하나씩 수동으로 입력하는 대신 '자동 입력 기능'을 이용하는 것이 좋다.

맨 처음에 있는 숫자를 상하 또는 좌우의 셀에 2개 입력하고 나서 이 2개의 셀을 선택한다. 커서를 셀의 오른쪽 아래 모서리를 누르고 이동시켜 '+' 마크가 생기면 클릭하여 아래쪽이나 오른쪽으로 드래그하면 된다. 그러면 이동시킨 만큼 숫자와 글자가 자동 입력된다. '1, 2…'라는 숫자는 물론, '월요일, 화요일…', 'January, February…'와 같은 정보도 연속하여 표시해주므로 꼭 활용하자.

## 엑셀에서 그림을 균등 간격으로 배열하기

그림이나 도형을 복사해서 같은 간격으로 여러 번 붙이는 작업은 시간이 걸리고 깔끔하게 되지도 않는다. 이럴 때 편리한 단축키가 'Ctrl+D'다.

먼저 복사하고 싶은 그림(또는 도형)을 클릭하고 'Ctrl+D'를 누른다. 그러면 그 그림과 겹쳐진 위치에 복사된 그림이 나타난다. 그것을 원하는 위치에 놓은 뒤 다시 한 번 'Ctrl+D'를 누르면 같은 간격으로 그림이 복사되어 나타난다.

## 엑셀에서 만든 표를 차트로 만들기

엑셀로 차트를 작성할 때 보통은 '삽입'에서 차트 종류를 선택해야 한다. 하지만 그렇게 번거로운 방법 말고도 표를 한 번에 차트로 만들 수 있다.

숫자가 들어간 표에서 차트로 만들고 싶은 셀을 범위 지정한 다음 'Alt+F1' 키를 누르면 된다. 가장 많이 쓰이는 막대형차트가 표와 같은 시트상에 표시된다. 또 'Alt'를 누르지 않고 'F11' 키만 누르면 새로운 시트에 차트가 표시된다.


## 엑셀에서 만든 표의 열과 행 바꾸기

작성한 표의 열과 행을 바꾸고 싶다고 해서 일일이 다시 입력하는 것은 시간 낭비다. 열과 행의 배열은 마우스를 조작하여간단히 바꿀 수 있다.

먼저 열과 행을 바꾸고 싶은 범위를 지정하고 오른쪽을 클릭하여 '복사'를 선택한다. 그리고 새로운 표를 작성하고 싶은시트의 첫 셀에서 다시 한 번 오른쪽 클릭을 한다.

이때 표시되는 '붙여넣기 옵션'에서 '바꾸기'를 클릭하면 열과 행이 바뀐 표가 순식간에 만들어진다.


## 엑셀에서 셀을 편집 상태로 만들기

셀에 입력한 데이터를 수정하는 방법은 두 가지가 있다. 하나는 셀을 더블클릭하는 방법인데, 키보드에서 일단 손을 떼고 마우스로 이동시켜야 하며 표의 셀 크기가 작으면 커서를 맞추기 힘들어서 업무 효율이 떨어진다는 단점이 있다.

여기서 권하는 방법은 'F2' 키를 사용하는 것이다. 편집 상태로 돌려놓고 싶은 셀을 선택하고 'F2'를 누르면 셀 안의 숫자 등의 마지막에 커서가 삽입되므로 키보드로 수정하면 된다.

### 엑셀에서 간단히 행 이동하기

엑셀에서 'Shift' 키를 누르면서 드래그하면 간단하고 신속하게 행을 이동시킬 수 있다.

먼저 이동하고 싶은 행 번호를 클릭해서 행을 선택한다. 그리고 가장자리에 포인터를 맞춘 뒤 십자 모양으로 변한 것을 확인한다. 그 상태에서 'Shift' 키를 누르며 이동할 곳까지 드래그하면 된다.

참고로 같은 조작법으로 'Ctrl' 키를 누르면서 드래그하면 행을 복사할 수 있다. 또 열이나 셀도 같은 방법으로 실행할 수 있다.

**엑셀에서 한 번 입력한 문자를 다시 쉽게 입력하기**

예를 들어 엑셀을 이용해 고객 리스트나 주소록을 만든다고 하자. 그러면 같은 성의 담당자나 같은 지명이 계속 나오는 경우가 있다. 이럴 때는 같은 단어를 몇 번이고 입력하지 말고 한 번 입력한 문자를 다시 선택할 수 있는 방법을 활용하자.

'Alt+↓'를 누르면 된다. 이 단축키를 사용하면 같은 열에서 이미 입력한 단어 리스트가 표시된다. 후보 중에서 원하는 것을 선택하여 'Enter'를 누르면 입력된다.


**엑셀의 셀 안에서 줄바꿈하기**

엑셀에서는 셀 안에 문자를 입력할 때 'Enter'를 쳐도 바로 아래 셀로 커서가 이동할 뿐 줄바꿈이 되지 않는다.

줄바꿈을 하고 싶을 때는 'Alt'를 누른 상태에서 'Enter'를 누르자. 셀 안의 커서가 다음 행으로 이동하여 문자를 입력할 수 있게 된다.

또 셀 안에서 줄바꿈을 하면 행수가 늘어나기 때문에 셀의 높이가 자동적으로 커진다.

## 엑셀의 시트 사이를 마우스 없이 이동하기

엑셀에서 데이터를 작성하다 보면 시트 수가 점점 늘어난다. 이때 마우스를 이용하여 원하는 시트로 이동할 수도 있지만 시트 수가 많아지면 제목 크기가 그에 비례하여 작아지므로 클릭하기 힘들어진다.

이럴 때는 단축키를 이용하여 시트 사이를 쉽게 이동하자. 'Ctrl + Page Up'을 누르면 왼쪽 시트로, 'Ctrl + Page Down'을 누르면 오른쪽 시트로 이동할 수 있다. 또 시트 제목 부분을 클릭 → '이동 또는 복사'를 선택하여 시트 일람에서 이동할 곳을 선택할 수도 있다.

## 엑셀의 숨은 기능, 상태표시줄 활용하기

엑셀의 화면 아래에 있는 상태표시줄을 잘 보자. 여기에는 선택한 셀 범위 내에 있는 수치의 '평균값'과 '데이터 개수', '합계'와 같은 검산 결과가 표시되어 있다. 이 수치만 확인하면 데이터의 개수를 일일이 계산할 필요가 없으므로 작업 효율을 높이는 데 크게 기여한다.

또 상태표시줄에 커서를 놓고 오른쪽 클릭하면 단축키 메뉴가 표시된다. 이 메뉴 중에서 상태표시줄에 표시하고 싶은 항목을 선택할 수도 있다.

## 엑셀 파일을 PDF 파일로 변환하기

엑셀 파일을 메일에 첨부하여 보낼 경우, 반드시 PDF 파일로 변환하자. 엑셀인 상태로 보내면 수식 등의 정보도 상대방에게 전달되어 기밀 정보가 알려질 가능성이 있기 때문이다. 또 상대방이 스마트폰 등으로 데이터를 확인했을 때 엑셀 파일은 열리지 않는 경우가 있지만 PDF 파일은 거의 모든 환경에서 열수 있으므로 PDF로 변환하는 습관을 들이자.

변환 방법은 '파일'에서 '내보내기' → 'PDF/XPS 문서 만들기'를 클릭하고 저장할 곳을 정하여 '게시'를 클릭하면 된다.

## 엑셀 파일을 다음 사람이 사용하기 쉽게 저장하기

일을 인계할 때는 다른 사람에게 피해가 가지 않도록 하는 것이 비즈니스 매너다. 그러므로 엑셀 파일도 다음 사람이 사용하기 쉽도록 저장하자.

엑셀에서는 선택한 셀 위치나 창 크기 등이 작업 중인 상태로 저장되기 때문에 위치나 크기가 어중간하면 다음에 그 파일을 사용할 사람이 스트레스를 받을 수도 있다.

그러므로 작업을 마치면 셀 위치를 'A1'으로 돌려놓고 창 크기를 최대로 키운 다음 저장하는 습관을 들이자.

## 엑셀에서 인쇄 설정하기

엑셀 파일을 인쇄했더니 데이터가 한 장에 담기지 않아 다음 장으로 넘어가는 경우가 있다. 한 장에 데이터를 다 인쇄하려면 설정을 확인하자. 인쇄 설정은 엑셀의 '파일' → '인쇄' → '페이지 설정'에서 한다. 데이터를 한 장에 인쇄하고 싶을 때는 '배율'에서 '자동 맞춤'을 설정하면 된다.

또 '보기' → '페이지 나누기 미리보기'를 클릭하면 다음 페이지의 위치를 미리보기로 확인하면서 지정할 수도 있다.

## 엑셀에서 '%', '₩', '1000단위 구분 기호' 지정하기

숫자의 앞뒤에 '%'나 '₩'를 붙이는 등 셀 서식을 지정하면 좀 더 보기 좋게 표를 작성할 수 있다. 셀을 지정한 뒤 '%'는 'Ctrl+Shift+%', '₩'는 'Ctrl+Shift+$'를 누르면 한 번에 표시된다.

또 단위 수가 높은 숫자를 보기 쉽도록 '1000단위 구분 기호'를 표시하고 싶을 때는 'Ctrl+Shift+!'를 누르면 곧바로 변환할 수 있다.

## 엑셀에서 한자 위에 음이나 뜻 입력하기

엑셀에는 한자로 입력한 셀에 음이나 뜻을 붙이는 기능이 있다.

예를 들어 '동서남북'을 한자로 입력할 때는 '동'을 입력한 후 키보드에 있는 '한자' 키를 누르면 한자로 바꿀 수 있다. 이 작업을 반복하면 동서남북이 한자로 바뀐다.

그리고 셀을 클릭하고 '홈'에서 '윗주 필드 표시'를 눌러서 윗주 자리를 마련해준다. 그런 다음 '윗주 편집'을 눌러 '동서남북'이라고 입력한다.

또 같은 셀이 아니라 다른 셀에 윗주 문자를 표시하고 싶을 때는 다른 셀에 커서를 놓고 '=phonetic()'이라고 입력한 ()에 한자로 입력한 셀을 지정하면 된다.


## 엑셀 파일은 종이에 인쇄한 상태를 생각하며 데이터를 만든다

엑셀로 데이터를 작성할 때는 항상 종이에 인쇄한 상태를 생각하며 작업하면 보기 좋은 표로 만들 수 있다. 이때 표의 세로축에 어느 항목을 넣을지 주의해야 한다.

비즈니스 문서의 경우 A4용지를 세로 방향으로 설정하여 가로쓰기로 작성하는 것이 일반적이다. 이 문서를 읽는 사람의 시선은 항상 가로 방향으로 이동하므로 하나의 데이터 군은 가로 방향으로 볼 수 있도록 하는 것이 좋다. 즉, 표의 폭이 A4용지를 넘어가지 않도록 데이터를 배치하면 보기 좋은 표로 완성할 수 있다.

**엑셀에서 표 스타일 수정은 마지막에 한다**

엑셀로 표를 작성할 때 선의 스타일이나 열의 폭을 일일이 조정하면 작업 효율이 떨어진다. 이런 작업은 마지막에 해야 불필요한 작업을 최소화할 수 있다.

내용 입력을 마치고 마무리를 할 때 활용하면 좋은 것이 여러 개의 열이나 행의 폭을 한꺼번에 조절하는 방법이다. 열이나 행을 마우스로 드래그하여 범위를 지정한다. 그 후 경계선의 폭을 변경하면 지정한 범위 내의 모든 열이나 행의 폭이 한꺼번에 바뀐다. 또 'Ctrl'을 누르고 클릭하면 떨어진 열이나 행도 폭을 일률적으로 조정할 수 있다.

**엑셀에서 데이터 입력 속도를 떨어뜨리는 요인은 '시선의 이동'이다**

기존 데이터를 다른 파일에 입력할 때는 되도록 효율적으로 하고 싶은 법이다. 그런데 사실은 종이에 인쇄한 데이터를 참조하는 편이 작업 속도가 빠르다. 작업 효율화를 꾀하기 위해

나는 왜 항상 시간에 쫓길까

원래 데이터를 복사하여 창을 전환해가며 새 파일에 붙여넣기를 하는 사람도 있지만 그 방법은 사실 별로 효율적이라고 할 수 없다.

글자의 양에 따라 다르지만 데이터를 입력할 때마다 창을 전환하면 의외로 시간이 걸리기 때문이다. 그보다는 종이에 출력한 데이터를 옆에 놓고 그것을 보면서 입력하는 편이 훨씬 빠르다.


**엑셀에서 텐키를 이용하여 데이터 입력 속도를 높인다**

효율적으로 숫자 데이터를 입력할 때 요긴한 것이 텐키다. 텐키의 위치를 외워서 칠 수 있으면 훨씬 작업 속도가 올라간다.

텐키는 기본적으로 오른손으로 입력하며 중앙 열의 '4, 5, 6'에 각각 검지, 중지, 약지를 놓으면 된다. 그리고 그대로 손가락 위치를 아래로 내려 '1, 2, 3', 위로 올려서 '7, 8, 9'를 누르고 '0'은 엄지, 마지막으로 'Enter'를 새끼손가락으로 눌러서 엑셀의 셀을 이동하면 된다.

다만 소형 노트북이나 키보드의 종류에 따라서는 텐키가 없는 경우도 있다.